영혼을 빛나게 하는 여덟 단어

영혼을 빛나게 하는 여덟 단어

지은이 | 최병락
초판 발행 | 2026. 3. 18.
등록번호 | 제1988-000080호
등록된 곳 | 서울특별시 용산구 서빙고로65길 38 두란노빌딩
발행처 | 사단법인 두란노서원
영업부 | 02)2078-3333   FAX | 080-749-3705
출판부 | 02)2078-3331

책값은 뒤표지에 있습니다.
ISBN 978-89-531-5262-5   03230

독자의 의견을 기다립니다.
tpress@duranno.com   www.duranno.com

두란노서원은 바울 사도가 3차 전도여행 때 에베소에서 성령 받은 제자들을 따로 세워 하나님의 말씀으로 양육하던 장소입니다. 사도행전 19장 8-20절의 정신에 따라 첫째 목회자를 돕는 사역과 평신도를 훈련시키는 사역, 둘째 세계선교(TIM)와 문서선교(단행본·잡지) 사역, 셋째 예수문화 및 경배와 찬양 사역, 그리고 가정·상담 사역 등을 감당하고 있습니다. 1980년 12월 22일에 창립된 두란노서원은 주님 오실 때까지 이 사역들을 계속할 것입니다.

하나님이 내 안에 심어 주신 보물

영혼을 빛나게 하는 여덟 단어

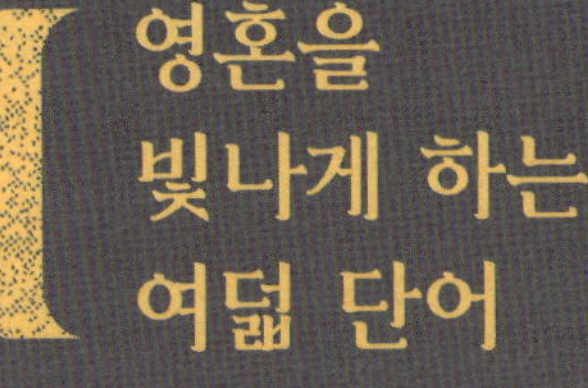

최병락

두란노

차례

소중한 것은 언제나 가까이에 있습니다.

'불어오는 바람, 눈부신 햇살, 변해 가는 계절과 손 내밀면 닿는 소중한 가족들.'

맞습니다. 우리의 필요를 잘 아시는 하나님께서 가장 소중한 것을 무지개 너머에 두셨을 리 없겠지요.

예전에 어떤 엽서에서 본 그림이 생각납니다. 예수님을 너무 보고 싶었던 한 사람이 망원경을 들고 예수님을 찾습니다. 그런데 아무리 찾아도 예수님은 보이지 않고, 보이는 것은 깜깜한 어둠뿐입니다. 왜 자신에게서 멀리 계시느냐고 원망하는 그에게 예수님은 이렇게 말씀하십니다.

"내가 멀리 있어서 보이지 않는 것이 아니라, 가까이 있어서 보이지 않는 것이란다. 너의 망원경이 지금 내 다리에 밀착되어 있구나.”

그래서 한국 속담에도 “업은 아기 삼 년 찾는다”라는 말이 생긴 것 같습니다.

미국에서 목회를 할 때, 사역자 가족들이 매년 수련회로 가던 호숫가 별장이 있었습니다. 지도 없이도 찾아갈 만큼 익숙한 장소였습니다. 그런데 어느 여름 수련회 때, 보물찾기 놀이를 했습니다. 별장의 구석구석에 선물의 이름을 적은 종이를 숨겨 놓고, 시간을 정해 찾기 시작했습니다.

그 순간, 평범하게만 보이던 별장이 삽시간에 바뀌었습니다. 보물찾기 시간이 시작되자 돌 하나, 떨어진 나뭇잎 하나까지 모두 보물을 숨겨 둔 보물 창고가 되었습니다. 방문할 때마다 늘 같은 자리를 지키고 있던 흔들의자와 바비큐 그릴, 넓은 거실을 차지하고 있던 소파와 방석 하나까지도 모두 보물 창고로 변했습니다. 평범한 별장이 보물성이 되는 순간이었습니다. 그 신비로운 체험을 아직도 잊을 수가 없습니다.

하나님이 우리에게 구원이라는 최고의 보물 상자를 주시던 날, 그 상자 속에 여러 가지 보물을 함께 담아 주셨습니다. 하지만 많은 이가 그 보물 상자를 하찮게 여기고 열어 보지 않았기에, 그 안에 소중한 보물이 있다는 사실을 모르고 살아갑니다.

어느 날, 우리 교회 부목사님이 직접 만든 찬양을 부르는 모습을 보았습니다. 제목은 〈보물〉이었는데, 그 찬양 속에는 정말 아름답게 빛나는 여덟 가지 보물이 담겨 있었습니다. 무엇 하나 반짝이지 않는 것이 없는, 진귀한 보물들이었습니다. 그 순간, 많은 그리스도인에게 "당신에게 이미 그 보물이 있습니다"라는 사실을 알려 주고 싶었습니다.

다이아몬드는 원석도 중요하지만, 세공업자의 세공 기술(Cut)에 따라 빛의 찬란함이 달라진다고 합니다. 하나님이 주신 보물을 캐내어 나름의 정성을 다해 그 광채를 드러내고자 애썼지만, 여전히 보물의 가치에 비해 깎아 낸 세공 기술이 부족한 듯하여 송구한 마음이 듭니다.

이 책이 세상에 나오기까지 수고해 준 두란노 식구들에게 감사드리며, 흥미진진한 보물찾기에 함께해 준 성도들에게 깊은 감사의 마음을 전합니다.

2026년 3월

최병락

1

【 구원 】

다른 이름으로는
얻을 수 없는 은혜

우리나라의 국보 1호는 무엇입니까? 숭례문(남대문)입니다. 그러면 보물 1호는 무엇입니까? 동대문이라고 부르는 흥인지문입니다. 파리 하면 가장 먼저 에펠탑이 떠오르고, 뉴욕 하면 자유의 여신상이 떠오르는 것처럼, 지역마다 그곳을 대표하는 보물들이 있습니다.

그렇다면 당신의 보물 1호는 무엇입니까? 우리에게 무

엇이 제일 중요한 보물인지를 알 수 있는 방법이 있습니다. 집에 불이 났을 때 무엇을 가지고 나오는지를 보면 무엇을 제일 소중하게 여기는지를 알 수 있습니다.

어느 섬에 불이 났습니다. 온 섬이 불길에 휩싸이자 사람들은 모두 배에 올라 섬을 떠나 육지로 가야만 했습니다. 그때 사람들은 저마다 중요한 것들을 챙겨 배에 올랐습니다. 그런데 한 사람만은 소중한 것을 한 가지도 가지고 오지 않고, 물 한 통만을 들고 배에 올랐습니다. 사람들은 가져올 것이 없어 겨우 물만 들고 탔다며 그를 우습게 여겼습니다. 그러나 육지에 도착하기 전, 배 위에서 이상한 일이 일어났습니다. 모든 사람이 갈증으로 죽을 것 같다고 하여, 물을 가지고 탄 그 사람에게 물 한 잔에 다이아몬드 한 캐럿을, 물 한 모금에 가지고 나온 돈 전부를 내어 주며 바꾸고 있었던 것입니다. 그는 들고 탄 물 한 통으로 그 배에 있는 모든 보물을 얻게 되었습니다.

이처럼 모든 것을 담고 있는 보물 중의 보물이 있습니다. 사람들의 눈에는 하찮게 보일지라도, 결국 그것이 가장 귀한 보물인 경우가 있습니다. 믿음 생활에도 그런 보물이 있습니다. 세상 사람들의 눈에는 별것 아닌 것처럼 보이지만, 인생을 마무리하는 순간, 천국의 문 앞에서 가장 찬란하게 빛나는 보석이 있습니다. 앞으로 여덟 장에 걸쳐 그 보물들을 소개하려 합니다. 절대로 잃어버리지 않기를 바랍니다.

구원, 가장 귀한 보물

여덟 개의 보물 가운데 가장 귀한 것은 바로 '구원'입니다. 살면서 돈보다 귀한 것이 무엇입니까? 그것은 목숨입니다. 아무리 많은 돈을 준다 해도 목숨과는 바꾸지 않기 때문입니다. 그런데 만일 누군가가 무엇을 얻기 위해 자기의 목숨을 버렸다면, 그것은 목숨보다도 귀한 보물입니다. 예수님은 당신의 목숨을 주고 얻은 것을 우리에게 주셨습니다. 그것이 바로 구원입니다.

"사람이 친구를 위하여 자기 목숨을 버리면 이보다 더 큰 사랑이 없나니"(요 15:13).

친구가 친구를 위해 죽어 주어도 세상이 모두 놀랄 만한 사랑인데, 신이 인간을 살리기 위해 죽으셨습니다. 그런데 그 인간은 반드시 살려야 할 의로운 인간도 아니고, 많은 업적을 세워 나라를 살린 선인도 아닙니다. 오히려 하나님께 불순하고, 그 마음에 대못을 박은 죄인입니다. 그런데 하나님이 그 죄인을 위해 당신의 목숨을 버리고 살려 주셨으니, 얼마나 위대한 구원입니까?
본문이 말씀하고 있는 내용이 바로 이것입니다.

"의인을 위하여 죽는 자가 쉽지 않고 선인을 위하여 용감히 죽는 자가 혹 있거니와 우리가 아직 죄인 되었을 때에 그리스도께서 우리를 위하여 죽으심으로 하나님께서 우리에 대한 자기의 사랑을 확증하셨느니라"(롬 5:7-8).

죄인을 위해 당신의 목숨을 버리고 살려 주신 구원, 이 얼마나 놀라운 구원입니까? 그렇다면 왜 구원하셨을까요? 우리를 사랑하시기 때문입니다. 그런데 죄인인 우리를 왜 사랑하셨을까요? 그것이 바로 은혜입니다. 아무 공로도 없고 죄밖에 지은 것이 없는 우리를 사랑하고 당신의 목숨을 주신 것은 은혜가 아니고는 해석할 방법이 없습니다. 그래서 가장 큰 보물은 '구원의 은혜'입니다.

"너희는 그 은혜에 의하여 믿음으로 말미암아 구원을 받았으니 이것은 너희에게서 난 것이 아니요 하나님의 선물이라"(엡 2:8).

구원이 왜 특별한 보물인가

이 구원의 선물이 왜 특별하고, 그렇게 귀한 보물인지에는 몇 가지 이유가 있습니다.

선택받은 자에게만 주시는 보물

구원은 상품을 홍보하려고 길거리를 지나가는 사람들에

게 공짜로 나눠 주는 향수 종이 같은 것이 아닙니다. 오직 선택받은 사람만 얻을 수 있는 아주 특별한 보물입니다.

예수님이 십자가 위에서 흘리신 그 보배로운 피는 전 세계 모든 인구에게 골고루 나누어 주는 흔한 피가 아닙니다. 우리 주님께서 택하고 불러 영화롭게 하신 자에게 주시는 선물이기에 귀하고 또 귀한 것입니다. 로마서 8장 30절은 이렇게 말씀합니다.

"또 미리 정하신 그들을 또한 부르시고 부르신 그들을 또한 의롭다 하시고 의롭다 하신 그들을 또한 영화롭게 하셨느니라."

백화점 앞을 지나가는 행인들에게 나눠주는 향수가 묻은 종이 샘플과 백화점 꼭대기 VVIP실에서 세상에 단 한 병밖에 없는 향수를 선물로 받는 것은 완전히 다른 일입니다. 예수님의 피는 택함 받은 자녀에게 주시는 보배로운 피였기에, 그 구원은 귀하고 특별한 보물인 것입니다.

간혹 이렇게 묻는 사람이 있습니다.

"목사님, 믿는 사람은 누구나 다 구원을 받는 것 아닙니까?"

맞습니다. 믿으면 다 구원받습니다. 그런데 성경은 믿음이 모든 사람의 것이 아니라고 말씀합니다.

"또한 우리를 부당하고 악한 사람들에게서 건지시옵소서 하라 믿음은 모든 사람의 것이 아니니라"(살후 3:2).

믿는 사람은 다 구원을 받지만, 그 믿음은 아무에게나 생기는 것이 아니라 택함 받은 사람에게만 주어지는 선물입니다. 이것은 전도해 보면 알 수 있습니다. 아무리 예수님을 믿으라고 해도 믿어지지 않는 사람은 죽기 직전에도 입을 꾹 다문 채 죽습니다. 반면 택함 받은 사람은 지나가다가도 누군가 예수님을 믿고 구원받으라고 말하면 믿어집니다. 그것은 사람의 설득이 아니라, 하나님이 택하신 사람의 귀에 복음이 들릴 때 일어나는 반응입니다.

그렇다면 "뭐 하러 전도하고 선교하러 갑니까? 택함 받은 사람은 다 구원받는 것 아닙니까?"라는 질문이 나옵니다. 성경은 이렇게 말씀합니다.

"그런즉 그들이 믿지 아니하는 이를 어찌 부르리요 듣지도 못한 이를 어찌 믿으리요 전파하는 자가 없이 어찌 들으리요 … 그러므로 믿음은 들음에서 나며 들음은 그리스도의 말씀으로 말미암았느니라"(롬 10:14, 17).

우리는 누가 택함 받은 자녀인지 알지 못하기 때문에 온 천하 열방에 다니며 예수의 복음을 전하는 것입니다. 그리고 그 복음을 듣는 사람들 가운데 택함 받은 자녀들은 믿고 구원을 받게 됩니다.

그러므로 복음을 들었을 때 믿어졌다면, 우리는 하나님께 택함 받은 사람이라는 뜻입니다. 하늘의 별처럼, 바다의 모래처럼 많은 사람 가운데서 우리를 택하여 생명을 내어 주고 구원해 주신 이 구원은 너무나 특별한 보물입니다. 아무나 받을 수 있는 선물이 아닙니다. 우리가 받은 구원은 보석 중의 보석입니다.

아무도 빼앗을 수 없는 보물

집 안에 보석을 가지고 사는 사람은 늘 잃어버릴까 불안합니다. 그래서 가장 비싸고 안전한 금고를 사서 넣어 두고, 그것도 불안해서 보안 회사의 감시 카메라를 달고, 담 위에는 병을 깨 거꾸로 심어 놓고, 다시 철조망으로 둘러치고도 밤에 잠을 이루지 못합니다. 보석이 비쌀수록 불안해집니다. 결국 보석 때문에 불안하고, 잠을 설치고, 누가 훔쳐 갈까 봐 여행도 마음대로 가지 못합니다. 그렇게 되면 보석은 더 이상 보물이 아니라, 불안에 떨게 만드는 애물단지가 됩니다.

그러나 우리에게 주신 이 큰 구원은 아무도 빼앗을 자가 없기에 안전합니다.

"내가 그들에게 영생을 주노니 영원히 멸망하지 아니할 것이요 또 그들을 내 손에서 빼앗을 자가 없느니라 그들을 주신 내 아버지는 만물보다 크시매 아무도 아버지 손에서 빼앗을 수 없느니라"(요 10:28-29).

우리에게 구원을 주신 것도 감사한데, 그 보물을 평생 지켜 준다고 말씀하십니다. 우리가 받은 구원을 아무도 빼앗지 못한다고 하십니다. 이 아무도 빼앗을 수 없는 구원을 바울은 더욱 장엄한 교향곡처럼 노래합니다.

"누가 우리를 그리스도의 사랑에서 끊으리요 환난이나 곤고나 박해나 기근이나 적신이나 위험이나 칼이랴 … 내가 확신하노니 사망이나 생명이나 천사들이나 권세자들이나 현재 일이나 장래 일이나 능력이나 높음이나 깊음이나 다른 어떤 피조물이라도 우리를 우리 주 그리스도 예수 안에 있는 하나님의 사랑에서 끊을 수 없으리라"(롬 8:35, 38-39).

요한일서 5장 18절은 우리의 구원에 대해 이렇게 말씀합니다.

"하나님께로부터 나신 자가 그를 지키시매 악한 자가 그를 만지지도 못하느니라."

하나님이 우리에게 주신 이 특별한 구원은 영원히 잃어버리지 않는 안전한 보물입니다.

구원의 보물을 귀하게 여기라

이처럼 우리가 받은 구원은 택함 받은 자녀에게만 주시는 특별한 선물이며, 아무도 빼앗지 못하도록 지켜 주시는 소중한 보물입니다. 이 구원의 보물이 우리의 것이니, 비록 가진 게 없어도 이미 부자 중의 부자입니다.

그러므로 이렇게 귀한 구원의 보물을 선물로 받은 우리가 해야 할 일이 있습니다. 그것은 이 구원을 소중히 여기는 것입니다. 이 구원을 하찮게 여기거나, 당연하게 여기거나, 모든 사람이 받는 것을 나도 받은 것이라고 여기는 것은 예수 그리스도의 희생을 모욕하는 행위입니다. 보물을 보물인 줄도 모르고 하찮게 여기며 살아가는 사람은 날마다 그리스도를 욕되게 하는 사람입니다.

1975년, 전라남도 신안군 증도 앞바다에서 700년 전

원나라 무역선에서 나온 보물들이 쏟아져 나왔을 때, 그곳에 살던 사람들은 그 이전부터 파도에 밀려오는 그릇들을 종종 보아 왔기에, 집집마다 그 그릇을 개밥그릇으로 사용하고 있었습니다. 그런데 나중에 알고 보니, 그 그릇들 하나하나가 모두 보물이었습니다.

지금도 예수님이 당신의 목숨값을 내어 주며 주신 구원의 선물을 하찮게 여기며 살아가는 사람들이 있습니다. 그래서 히브리서 2장 3절은 이렇게 말씀합니다.

"우리가 이같이 큰 구원을 등한히 여기면 어찌 그 보응을 피하리요."

이 말씀에서 주목해야 할 단어는 '큰 구원'에서 '큰'이라는 말입니다. 헬라어에서 '크다'라고 할 때 보통 사용하는 단어는 '메가스'(μέγας)입니다. 우리가 흔히 말하는 메가톤급의 '메가'입니다. 그런데 이 구절에 사용된 단어는 메가스가 아니라 '텔리쿠토스'(τηλικοῦτος)입니다. 이 단어는 메가스보다 훨씬 더 크고 강할 때 사용하는 표현입니다. 히브리서는 우리가 받은 구원이 단순히 큰 구원이 아니라, 엄청나게 큰 구원임을 강조하고 있는 것입니다.

우리가 받은 구원은 비싼 선물이 아니라, 값을 매길 수 없는 선물입니다. 돈이 있다고 살 수 있는 보물이 아니라, 오직 선택받은 이들만이 누릴 수 있는 특별한 은혜이기 때문입니다. 그러므로 이 구원의 보물을 하찮게 여기지 말고, 귀하고 또 귀하게 여기며 살아야 합니다. 날마다 우리를 구원하신 주를 찬양하며, 구원의 은혜를 생각할 때마다 눈물이 마르지 않아야 합니다.

세상에는 숨길 수 없는 세 가지가 있다고 합니다. 재채기, 사랑하는 얼굴 그리고 가난입니다. 그러나 저는 이렇게 말하고 싶습니다. 그리스도인들이 절대로 숨길 수 없는 한 가지가 있습니다. 그것은 구원받은 얼굴입니다. 저는 당신의 얼굴에 날마다 이 구원의 기쁨이 가득하기를 축원합니다.

1. 당신의 인생에서 다른 모든 것과도 바꿀 수 없는 가장 소중한 가치는 무엇인가요? 당신이 받은 구원이 왜 그 어떤 보석보다 귀한 '특별한 선물'인지 함께 나누어 보세요.

2. "하나님이 나를 지키시기에 악한 자가 만지지도 못한다"는 약속을 들을 때 어떤 위로가 되나요? 최근에 당신의 어떠함과 상관없이 당신을 꼭 붙들고 계시는 하나님의 손길을 경험한 적이 있나요?

3. 구원받은 사람의 얼굴은 숨길 수 없습니다. 오늘 당신의 얼굴에는 그 구원의 기쁨이 얼마나 머물러 있나요? 공동체 식구들에게서 '구원받은 얼굴'을 발견했던 기분 좋은 기억이 있다면 나누어 보세요.

2
【 말씀 】

구원으로 인도하는
모든 지혜

또 어려서부터 성경을 알았나니
성경은 능히 너로 하여금 그리스도 예수 안에 있는
믿음으로 말미암아 구원에 이르는 지혜가 있게 하느니라
모든 성경은 하나님의 감동으로 된 것으로
교훈과 책망과 바르게 함과 의로 교육하기에 유익하니
이는 하나님의 사람으로 온전하게 하며
모든 선한 일을 행할 능력을 갖추게 하려 함이라_딤후 3:15-17

어릴 적 흥미진진하게 읽었던 동화 중에 《보물섬》(Treasure Island)이 있습니다. 영국 작가 로버트 루이스 스티븐슨(Robert Louis Stevenson)이 아들에게 들려주기 위해 만들었던 이야기가 선풍적인 인기를 끌며 수많은 영화와 만화로 만들어졌습니다. 어느 날 여관집 아들 짐 호킨스가 우연히 보물섬으로 갈 수 있는 지도를 손에 넣게 되고, 어른

들의 도움을 받아 보물섬을 찾아 떠나는 이야기입니다.

보물섬에 보물이 아무리 많이 묻혀 있어도, 보물섬으로 가는 지도가 없으면 그 보물은 그저 돌덩이에 불과할 것입니다. 당신에게는 보물 지도가 있습니까? 온갖 진귀한 보물이 어디에 있고, 어떻게 찾을 수 있는지가 자세히 기록된 보물 지도를 가지고 있습니까?

저는 당신에게 모든 보물을 손에 쥘 수 있는 보물 지도를 소개하려 합니다. 바로 '생명의 말씀'인 '성경'입니다. 이 성경 안에는 온갖 보물이 들어 있고, 그 보물들을 어떻게 얻을 수 있는지도 모두 설명되어 있습니다.

성경은 그 자체가 보물일 뿐 아니라, 보물 중의 보물이 어디 있는지를 알려 주는 보물 지도입니다. 그래서 이 장을 통해 성경이 왜 보물이며 동시에 보물 지도인지를 이야기하려 합니다. 이 생명의 말씀인 성경이 당신에게 더욱 가까워지는 계기가 되기를 바랍니다.

성경은 우리를 예수 그리스도께로 인도한다

우리에게 왜 성경이 필요합니까? 첫째, 성경은 우리를 예수 그리스도께로 인도하기 때문입니다.

"또 어려서부터 성경을 알았나니 성경은 능히 너로 하여금 그리스도 예수 안에 있는 믿음으로 말미암아 구원에 이르는 지혜가 있게 하느니라"(딤후 3:15).

본문은 성경을 통해 예수 그리스도를 만나게 되고, 그 예수 그리스도를 만날 때 그분이 주시는 구원을 얻게 된다고 말씀합니다. 성경은 우리를 예수께로, 구원으로 인도하는 모든 지혜를 기록해 둔 책입니다.

보물 지도인 성경은 어느 곳을 펼쳐 읽어도 그 방향이 보물 되신 예수님을 가리킵니다. 그 방향대로 걸어가면 예수님을 만나게 됩니다. 그래서 예수님은 친히 이렇게 말씀하셨습니다.

“너희가 성경에서 영생을 얻는 줄 생각하고 성경을 연구하거니와 이 성경이 곧 내게 대하여 증언하는 것이니라”(요 5:39).

누가복음 24장 27절도 말씀합니다.

“이에 모세와 모든 선지자의 글로 시작하여 모든 성경에 쓴바 자기[예수]에 관한 것을 자세히 설명하시니라.”

갈라디아서 3장 24절 역시 이렇게 증언합니다.

“이같이 율법이 우리를 그리스도께로 인도하는 초등 교사가 되어 우리로 하여금 믿음으로 말미암아 의롭다 함을 얻게 하려 함이라.”

그래서 이런 말이 있습니다.
“성경은 글이 아니라 길이다.”
이처럼 생명의 말씀인 성경은 우리를 그리스도께로 인

도하는 보물 지도입니다. 성경이 없으면 우리는 예수님을 알 길도, 만날 길도 없으며, 그분에 대해 더 자세히 알 수도 없습니다. 그러나 감사하게도 하나님은 우리에게 성경을 주셨고, 그 성경을 통해 우리는 예수님을 만나 구원을 얻게 되었습니다. 본문의 말씀처럼, 이 성경에는 구원에 이르는 지혜가 있는 것이 분명합니다.

우리에게서 성경이 멀어지는 순간, 우리는 그리스도에게서 멀어지고 인생의 길을 잃게 됩니다. 방황은 바로 거기서 시작됩니다. 그러나 다시 성경을 펴고 읽기 시작하면 예수께로 돌아가게 되고, 방황을 멈추며, 성경 안에 감추어진 수많은 보물을 발견하도록 인도받게 됩니다.

J. C. 라일(John Charles Ryle)은 《믿음으로 살라》(복있는사람 역간)에서 성경 읽기를 강조하며 이런 의미심장한 말을 남겼습니다. 조금 응용해서 소개합니다.

"성경에 어려운 내용이 많다는 이유로 성경 읽기를 멈춘 사람들에게 묻고 싶습니다. 성경에 어려운 것만 있습니까? 쉽고 분명한 것은 없습니까? 바다 위에 있을 때 어두운 밤에 모든 것을 다 보지 못해도, 항구 높은 곳에서 빛을 비추는 등대는 볼 수 있지 않습니까? 성경 속에는 우리가 하나님을 알 수 있도록 비추는 수많은 등대와 같은 이야기들로 가득합니다.”

성경을 다 이해할 수 없다고 해서 읽는 일을 미루지 마십시오. 지금부터 성경을 펴서 읽기 시작하면, 당신을 진리 가운데로 인도할 쉽고 분명한 말씀들이 가득하다는 것을 알게 될 것이고, 어둠 속의 등대처럼 삶을 환히 비추는 말씀 또한 많다는 것을 깨닫게 될 것입니다. 그렇게 날마다 성경을 가까이할 때, 우리는 빛 되신 그리스도를 더욱 발견하게 됩니다.

기독교 역사에서 중요한 인물 가운데 한 사람인 성 어거스틴(St. Augustine)도 젊은 시절 하나님을 떠나 방황한 적이 있습니다. 어느 날 정원에서 괴로움 가운데 눈물을 흘리고 있는데, 옆에서 아이들이 노래하는 소리가 들렸습니다.

“톨레 레게, 톨레 레게”(집어 들고 읽어라, 집어 들고 읽어라).

한 번도 듣지 못했던 가사였습니다. 그는 이것을 하나

님이 자신에게 하시는 말씀으로 알고 즉시 성경을 펴 들었습니다. 그때 읽은 말씀이 로마서 13장 13-14절이었습니다.

"낮에와 같이 단정히 행하고 방탕하거나 술 취하지 말며 음란하거나 호색하지 말며 다투거나 시기하지 말고 오직 주 예수 그리스도로 옷 입고 정욕을 위하여 육신의 일을 도모하지 말라."

이 말씀 앞에서 어거스틴은 방탕한 삶을 매듭짓고, 예수 그리스도에게 자신의 인생을 드렸습니다. 성경은 방황하던 어거스틴을 예수 그리스도 앞으로 인도했고, 하나님은 그를 기독교 역사에 위대한 업적을 남긴 교부로 사용하셨습니다.

이처럼 성경은 우리를 보물 중의 최고의 보물, 그리스도 앞으로 인도합니다. 성경을 읽음으로 보물 되신 예수 그리스도를 만나기를 축원합니다.

성경은 예수 그리스도를 더 풍성히 알게 한다

우리에게 성경이 필요한 두 번째 이유는, 성경은 예수 그리스도를 더 풍성히 알게 하기 때문입니다. 처음 성경을 펼치면 바다 위의 등대처럼 큰 것만 보입니다. 그러나 조금 더 읽으면 등대 옆의 가로등이 보이고, 더 읽으면 집집마다 켜 놓은 전등이 보이며, 마침내 공부하는 학생의 책상 위 램프까지 보이게 됩니다. 점점 성경의 풍성한 내용이 보이고 이해되기 시작하기에, 우리는 계속해서 성경을 읽어야 합니다.

성경을 읽고 예수님을 만났다고 성경 읽기의 사명이 끝난 것은 아닙니다. 본문 16절은 우리가 왜 성경을 계속 읽어야 하는지를 분명히 말씀합니다.

"모든 성경은 하나님의 감동으로 된 것으로 교훈과 책망과 바르게 함과 의로 교육하기에 유익하니"(딤후 3:16).

성경은 우리를 신자로 만들어 줄 뿐 아니라, 신자답게

사는 법을 가르쳐 주는 책입니다.

제가 결혼을 앞둔 예비 신랑, 신부에게 자주 하는 말이 있습니다. 결혼식은 하루지만, 결혼 생활은 평생이기에 결혼식보다 결혼 생활이 훨씬 더 중요하다고 말합니다. 하루를 준비하는 데 그치지 말고, 결혼 생활을 더 잘할 수 있도록 평생을 준비하라고 권합니다.

마찬가지입니다. 성경을 통해 예수님을 만나는 것도 중요하지만, 그렇게 만난 예수님이 어떤 분이신지를 더 알기 위해 우리는 성경을 계속 읽어야 합니다. 성경은 구원받는 방법만 기록한 책이 아니라, 구원받은 자가 누릴 수 있는 풍성한 삶의 비결과 그리스도인답게 사는 빛과 소금의 삶을 모두 담아 둔 책입니다. 그래서 교훈과 책망과 바르게 함과 의로 교육하기에 유익합니다.

성경은 우리에게 능력을 준다

성경이 필요한 세 번째 이유는, 성경은 우리에게 능력을 주기 때문입니다.

"이는 하나님의 사람으로 온전하게 하며 모든 선한 일을 행할 능력을 갖추게 하려 함이라"(딤후 3:17).

성경 말씀이 우리 안에 들어오면 능력이 됩니다. 히브리서 4장 12절은 이렇게 말씀합니다.

"하나님의 말씀은 살아 있고 활력이 있어 좌우에 날 선 어떤 검보다도 예리하여 혼과 영과 및 관절과 골수를 찔러 쪼개기까지 하며 또 마음의 생각과 뜻을 판단하나니."

하나님의 말씀은 죽은 말씀이 아니라 살아 있는 말씀입니다. 성경은 이것을 활력이 있는 검에 비유합니다. 한쪽 날만 있는 칼이 아니라, 양쪽에 날이 선 양날검입니다. 이리 휘둘러도 능력이 나타나고, 저리 휘둘러도 능력이 나타납니다. 그 검으로 혼과 영과 관절과 골수를 찔러 쪼개기도 하고, 비뚤어진 사람의 마음과 생각과 뜻을 수

술하기도 합니다. 한쪽 날로는 마귀를 무찌르고, 다른 한 쪽 날로는 영혼을 고치는 것입니다.

성경을 읽으면 이 양날검이 우리 안에 들어와 무기가 됩니다. 밖으로는 마귀를 이기게 하고, 안으로는 몸과 영혼의 병을 모두 치료하는 능력이 됩니다. 그래서 세상은 칼 찬 사람을 무서워하지만, 마귀는 성경 읽는 사람을 무서워합니다.

우리 믿음의 어머니들은 연약한 몸으로 고난의 세월을 살면서도, 피곤한 중에 짧은 학력으로 겨우 한글을 깨우쳐 호롱불 아래서 성경을 읽었습니다. 그 말씀이 있었기에 사탄 마귀가 그 집을 공격하지 못했고, 또 어머니가 들려주신 그 성경 말씀으로 말미암아 자녀들은 지혜로워졌으며, 혼과 관절과 골수까지 건강해지고, 마음과 생각도 올곧게 자라 사회의 훌륭한 일꾼으로 성장하게 되었습니다. 어머니들은 강한 허리의 칼로 집을 지킨 것이 아니라, 말씀의 검으로 집을 지켰던 것입니다.

그래서 우리가 성경을 말할 때마다 떠오르는 찬송이 바

로 〈나의 사랑하는 책〉(새찬송가 199장) 입니다.

나의 사랑하는 책 비록 해어졌으나

어머니의 무릎 위에 앉아서

재미있게 듣던 말 그때 일을 지금도

내가 잊지 않고 기억합니다

귀하고 귀하다 우리 어머니가 들려주시던

재미있게 듣던 말 이 책 중에 있으니

이 성경 심히 사랑합니다

어디선가 이런 글귀를 본 적이 있습니다.
"나의 사랑하는 책, 해어졌나, 헤어졌나?"
마귀는 큰소리치는 사람을 무서워하는 것이 아니라, 성경을 읽는 사람을 가장 무서워합니다. 마귀는 성도 수가 많은 교회를 무서워하는 것이 아니라, 강단의 말씀이 살아 있는 교회를 가장 무서워합니다. 마귀는 집 안에 성구가 쓰인 액자를 보고 무서워하는 것이 아니라, 출근한 후 제일 먼저 말씀을 펴 들고 읽으며 하루를 시작하는 그 집을 가장 무서워하여 감히 건드리지 못합니다.

　오늘부터 당신의 손에서 성경이 떠나지 않기를 축원합니다. 보물 중의 보물, 생명의 말씀인 이 성경이 당신을 예수님께로 더 가까이 이끌고, 그 속에 감추어진 수많은 보물의 광맥으로 인도하며, 능력이 되어 평생 당신을 지켜 주기를 축원합니다.

1. 어릴 적 보물섬 지도를 보듯 성경을 펼쳐 본 적은 언제인가
   요? '바다 위 등대'처럼, 인생의 어두운 밤을 지날 때 당신
   을 안전한 항구로 인도해 주었던 말씀이 있다면 함께 나누
   어 보세요.

2. 어거스틴에게 들렸던 "집어 들고 읽어라"라는 음성이 오늘
   당신에게 들린다면, 당신은 지금 어떤 마음으로 성경을 펴
   게 될까요? 말씀을 지식으로 공부하는 것을 넘어, 삶의 '길'
   로 받아들인 경험이 있다면 나누어 보세요.

3. 당신의 경험이나 지혜보다 하나님의 말씀이 주는 '능력'을
   신뢰하며 내린 결정이 있다면, 그 과정과 결과를 나누어 보
   세요.

3

【 찬양 】

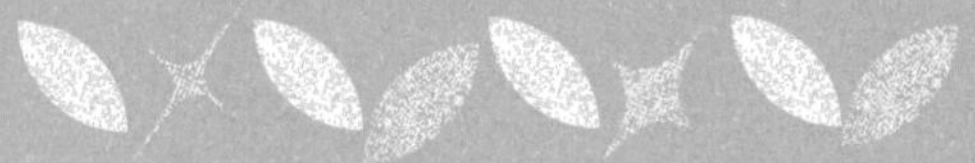

영혼을 지키는
믿음의 노래

기독교에는 왜 이렇게 찬송가가 많을까요? 이유는 간단합니다. 하나님이 찬송을 좋아하시기 때문입니다. 그렇다면 하나님은 인간을 왜 만드셨을까요? 이사야 43장 21절에 그 답이 나옵니다.

"이 백성은 내가 나를 위하여 지었나니 나를 찬송하게 하려 함이니라."

하나님은 찬양하는 사람을 가장 기뻐하십니다. 그래서 본문인 시편 22편 3절에 이런 말씀이 나옵니다.

"이스라엘의 찬송 중에 계시는 주여 주는 거룩하시니이다."

하나님이 어디에 계신다고요? 찬송 중에 계신다고 말씀합니다. 하나님은 찬송을 좋아하시기 때문에, 찬송이 들리는 곳에 임하신다는 것입니다. 하나님의 도움이 필요합니까? 찬송을 부르십시오. 하나님은 찬양 중에, 찬양이 있는 곳으로 임하십니다.

찬송 중에 임하시는 하나님

이스라엘 백성은 아람 연합군과의 전쟁에서 자기들의 힘으로는 도저히 이길 수 없다는 것을 알고 찬송을 시작했습니다. 그랬더니 여호와의 영이 나타나 아람 연합군의 눈을 가리셔서 그들끼리 서로 죽이게 되었고, 이스라엘은 피 한 방울 흘리지 않고 승리하게 되었습니다. 하나님은 찬양하는 곳으로 임하시기 때문입니다.

당신의 집이 어둡습니까? 불을 켤 때가 아니라 찬송을 부를 때입니다. 어둠 속의 찬송은 기적을 부르기 때문입니다. 당신의 집에 문제가 생겼습니까? 사람을 찾아갈 때가 아니라 찬송을 부를 때입니다. 찬송을 시작하면 하나님이 그 찬송이 들리는 곳으로 찾아오시기 때문입니다.

바울과 실라도 빌립보 감옥의 가장 깊은 내옥에 갇혔을 때 아무것도 할 수 없어서 찬송을 했습니다. 그런데 하나님은 찬송하는 곳으로 임하시기에 그 지하 감옥에까지 찾아오셨고, 그 증거로 땅이 갈라지고 감옥 문이 열리는 사건을 통해 그곳에 임했음을 보여 주셨습니다.

이런 말을 들은 적이 있습니다. 사람은 남들이 다른 사람 이야기를 할 때는 잘 안 들려도, 두 사람이 모여서 자신의 이름을 이야기하면 귀를 쫑긋 세우고 듣게 된다고 말입니다. 더구나 내가 없는 자리에서 나를 칭찬하고 자랑하고 있다면, 금방 그 사람들에게 가고 싶어지지 않겠습니까? 찬송이 바로 그런 것입니다. 하나님의 이름을 찬양하고 높이는 곳에는 하나님이 즐거이 임하고 능력을 베풀어 주십니다. 그래서 찬송은 하나님을 찾는 가장 아름다운 나팔 소리입니다.

찬송은 언제 해야 하는가

그렇다면 찬양은 필요할 때만, 급할 때만 불러야 할까요? 당연히 아닙니다. 시편 34편 1절은 우리가 언제 찬양해야 하는지를 분명히 가르쳐 줍니다.

"내가 여호와를 항상 송축함이여 내 입술로 항상 주를 찬양하리이다."

찬양은 언제 불러야 합니까? 그렇습니다. 항상 불러야 합니다. 그런데 '항상 찬양하라'는 말이 의무나 부담으로 들립니까? "아니, 사람이 어떻게 항상 찬양할 수 있어?" 하고 이 말씀이 부담스럽게 읽힙니까?

그래서 모든 것은 해석이 중요합니다. 해석을 어떻게 하느냐에 따라 부담이 될 수도 있고, 축복이 될 수도 있습니다. "항상 주를 찬송하라"라는 말씀을 제가 한번 은혜롭게 해석해 보겠습니다.

"언제든지 찬송하렴. 그때마다 내가 너에게로 갈게."

이것이 부담입니까, 축복입니까? 또 이렇게도 해석할 수 있습니다.

"찬송하고 싶지 않을 때도 찬송하고, 찬양할 수 없는 순간에도 찬양해 보렴. 결국 그 일을 찬송할 일로 내가 바꾸어 줄 것이기 때문이야. 지금 불평하다가 나중에 부끄러워하지 말고, 나를 믿고 무슨 일을 만나든지 찬송하렴. 그러면 그 찬송 중에 임한 내가 너의 문제를 직접 해결해 줄게."

이런 해석인데도 이 말씀이 부담스러울 수 있겠습니까?

맞습니다. 찬송은 항상 하는 것입니다. 찬양할 수 있을 때나 찬양할 수 없을 때나, 밤이나 낮이나, 어제나 오늘이나, 영원히 주를 찬양하는 것입니다. 우리의 찬양을 듣고 그 찬양 중에 임하시는 주님이, 찬양할 수 없는 중에도 찬양하는 우리의 모습을 보고 그 마음이 감동되어 찬양할 수 있는 환경으로 바꾸어 주실 줄 믿습니다.

그래서 하나님은 항상 찬송하라고 하신 것입니다. 결국 찬송할 일이 될 것이기에 미리 찬송하라고 하신 것이고, 어떤 일을 만나도 찬송하면 그 찬송 가운데 하나님이 역사할 수 있기 때문에 찬송하라고 하신 것입니다. 그러므로 항상 찬송하며 살기 바랍니다. 찬양은 우리를 살리는 보물입니다.

어떤 찬양을 해야 하는가

그렇다면 어떤 찬양을 어떻게 해야 할까요? 시편 40편 3절은 이렇게 노래합니다.

"새 노래 곧 우리 하나님께 올릴 찬송을 내 입에 두셨으니

많은 사람이 보고 두려워하여 여호와를 의지하리로다."

새 노래로 찬양하라고 합니다. 이야, 이거 큰일입니다. 매번 새 노래를 어떻게 부릅니까? 기억력도 안 좋고, 음악 실력도 없는데 어떻게 계속 새로운 곡을 부를 수 있겠습니까? 그런데 여기서 말하는 새 노래는 말 그대로 '새로운 곡'이라는 뜻도 있지만, 그보다 더 멋진 의미의 새 노래가 있습니다.

새로운 마음으로 부르는 노래

첫째, 새 노래는 새로운 마음으로 부르는 노래입니다. 같은 노래를 불러도 익숙해져서 습관처럼 부르는 찬양이 아니라, 부를 때마다 처음 부르는 것처럼 설레는 마음으로, 새 마음으로 부르는 찬양을 하나님께 올려야 한다는 것입니다.

백화점이나 놀이공원에 들어갈 때 일하는 아르바이트생의 인사를 들어 본 적이 있을 것입니다. 진정성이 1도 느껴지지 않는 "안녕하십니까?"라는 인사에 감동을 받기는 어렵습니다. 그런데 교회가 위치한 비트플렉스 4층

주차장에 가면 늘 손님을 반갑게 맞이하는 한 여성 안내원이 있습니다. 헤드 마이크로 인사하는 소리가 차 안까지 들리고, 그 태도와 표정에 늘 감동을 받습니다. 얼마나 진심으로 인사를 하는지 모릅니다. 수백, 수천 명에게 똑같이 그렇게 인사합니다. 이제는 유명해져서 인스타그램에도 가끔 올라온다고 합니다.

천 명을 만나도 그 천 명 모두에게 새로운 마음으로 인사하고, 한 사람을 천 번 만나도 매번 새로운 반가움으로 인사하는 것, 정말 어려운 일이지만 참으로 감동적인 모습입니다. 하나님께 올리는 새 노래는 천 가지 새로운 곡이 아닙니다. 천 번을 불러도 처음처럼 새로운 마음으로 부르는 찬양을 하나님이 기쁘게 받으신다는 것입니다. 이것이 새로운 마음으로 부르는 새 노래입니다.

한 번도 듣지 못한 노래

둘째, 새 노래는 '한 번도 듣지 못한 노래'라는 뜻입니다. 시편 40편 3절은 이 새 노래 때문에 사람들이 보고 두려워하여 하나님을 의지하게 된다고 말씀합니다. 도대체 어떤 새 노래이기에 사람들이 두려워하고, 결국 하나님을 인정하게 되는 것일까요? 그것은 지금까지 한 번도 듣지 못한 노래를 부르고 있기 때문입니다.

사람들은 보통 어떤 일을 당하면 이런 반응을 할 것이라고 예상합니다.

"망하면 망했다고 소리치겠지."

"슬프면 슬프다고 울겠지."

"화나면 화난다고 화내겠지."

그런데 그 사람이 소리치지 않고, 울지 않고, 화내지 않고 잠잠히 있다가 하나님을 찬양하는 노래를 부르기 시작합니다. 그것은 사람들이 지금까지 한 번도 본 적 없는 반응입니다. 한 번도 듣지 못한 노래입니다. 노래할 수 없는 중에 부르는 노래, 찬양할 상황이 아닌데 드리는 찬양, 그것이 인간의 고정관념을 깨뜨리는 새 노래입니다.

그 모습을 보며 사람들은 묻게 됩니다.

"저 사람은 도대체 누구인가?"

"저런 상황에서도 찬양을 드리는 그 하나님은 누구인가?"

그렇게 궁금해하다가 결국에는 하나님이 살아 계신다

는 사실을 인정하고 하나님을 믿게 되는 것입니다.

고통 속에서 울려 퍼진 새 노래

최근에 전국기독실업인협회(CBMC) 전국대회에 말씀을 전하러 갔습니다. 전국에서 3천여 명의 기독교 기업인들이 모이는 가장 큰 대회입니다. 그날 밤 저는 '산을 평지처럼 걸으라'라는 제목으로 말씀을 전했습니다. 말씀을 전한 후, 많은 사람이 회장단 앞으로 간증문을 보내 왔다는 소식을 들었습니다. 그리고 그중 하나의 간증문을 전달받게 되었는데, 한 기업 대표의 어머니께서 보내 주신 간증이었습니다. 딸에게 이끌려 마지못해 참석했던 그분이 전해 준 이야기는 이러했습니다.

그분은 과거 오빠가 개척한 교회 일을 돕던 중, 어머니가 경운기 사고로 전신 마비가 되자 하나님을 원망하며 사셨다고 합니다. 20년이라는 긴 세월 동안 침대에 누워 계시는 어머니를 보며 '하나님은 없다'고 생각했지만, 정작 고통 속에 계시던 어머니는 홀로 찬송을 부르고 말씀을 읊조리며 하나님을 붙드셨습니다.

어머니가 가장 사랑하신 찬송은 〈태산을 넘어 험곡에 가도〉(새찬송가 445장)였습니다. 걷지도 못하는데 어떻게 빛 가운데로 걸어가느냐며 따져 묻는 딸에게, 어머니는 가사를 바꾸어 이렇게 노래하셨습니다.

"태산을 넘어 험곡에 가도, 빛 가운데로 날아가며."

당시에는 분노하며 어머니를 이해하지 못했던 그분은, 이번 CBMC 대회에서 제가 전한 "몸은 벼랑에서 떨어질지라도 하나님이 날개를 주서서 날아오르게 하신다"라는 말씀을 듣는 순간 비로소 눈물을 터뜨리셨다고 합니다. 어머니가 끝까지 견디며 하나님을 붙드실 수 있었던 이유는 하나님이 이미 날아오를 수 있는 날개를 주셨기 때문임을 깨달은 것입니다. 그분은 위대한 믿음을 보여 주신 어머니와 그 어머니를 붙들어 주신 하나님께 감사의 고백을 올리셨습니다.

세상에서 다리를 잃어버리지 않고는 아무도 부를 수 없는 새 노래가 있습니다. 전신 마비가 아니거나, 두 다리가 멀쩡한 사람이라면 누구나 "빛 가운데로 걸어간다"라고 부를 수 있습니다. 그러나 걸을 수 없는 사람만이 부를 수 있는, 어디에도 없는 새 노래가 있습니다.

태산을 넘어 험곡에 가도 빛 가운데로 날아가며
주께서 항상 지키시기로 약속한 말씀 변치 않네

'영광의 찬양'을 절대로 빼앗기지 마십시오. 항상 찬송하며 살기 바랍니다. 그러면 항상 주님이 함께하실 것입니다. 어떤 순간이 닥쳐와도 그 순간마저 새 마음, 새 노래로 만들어 찬양하기 바랍니다.

이 땅에서 그렇게 항상 찬송하고, 또 찬송하다가 우리가 그토록 그리워하던 천국에 올라가게 될 때, 질병도 없고, 고통도 없고, 눈물도 없고, 한숨도 없는 그곳에서 남는 것은 오직 하나, 찬송입니다.

그날, 천국에서 사랑하는 주님 앞에 서서 이 세상에서는 단 한 번도 불러 보지 못한 가장 좋은 찬송을 불러 드리기 바랍니다. 우리가 그렇게 소원하며 불렀던 찬양

〈샘물과 같은 보혈은〉(새찬송가 258장)처럼 말입니다.

이후에 천국 올라가 더 좋은 노래로

날 구속하신 은혜를 늘 찬송하겠네

늘 찬송하겠네 늘 찬송하겠네

날 구속하신 은혜를 늘 찬송하겠네

1. "어둠 속의 찬송은 기적을 부른다"라는 말씀처럼 인생의 어둠 가운데 찬송함으로 주님의 이름을 불렀을 때, 당신의 마음에 임한 기적의 역사가 있다면 나누어 보세요.

2. 우리는 때로 익숙한 찬양을 생각 없이 습관처럼 부르곤 합니다. 최근 당신의 찬양은 어떠했는지 함께 나누어 보세요.

3. 찬송 중에 주님이 계신다는 약속을 붙들고 '불을 켜는 대신 찬송을 불러야 할' 어두운 영역에 대해 나누어 보세요.

4

〔 기도 〕

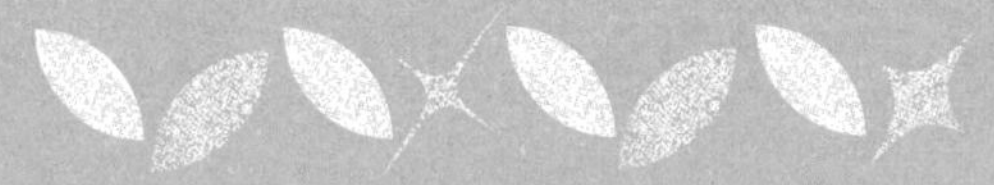

울음이 웃음으로
바뀌는 자리

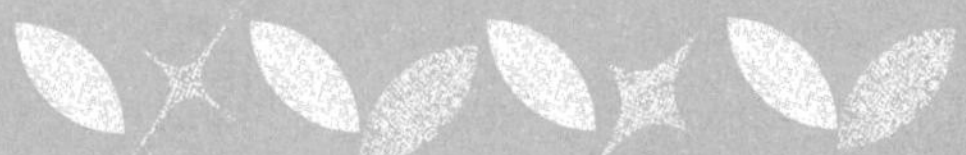

본문은 예레미야가 감옥에 투옥되어 있을 때, 그에게 임한 하나님의 말씀입니다. 예레미야는 이스라엘이 바벨론에게 포로로 잡혀갈 것이라는 하나님의 예언을 받고, 그 말씀을 선포하다가 시위대 안에 있는 감옥에 갇히게 되었습니다.

하나님의 일을 하다가 투옥된 예레미야는 큰 좌절에

빠집니다. 눈물의 선지자였던 예레미야는 감옥 안에서 심한 좌절 가운데 머리를 숙이고 엎드려 있습니다. 입은 다물려 있고, 눈에는 눈물이 흐르며, 환경은 감옥에 갇혀 꼼짝할 수 없습니다. 그때, 바로 그 감옥에 하나님께서 찾아오십니다. 그리고 예레미야에게 전광석화처럼 말씀하십니다.

"예레미야야, 지금 왜 입을 다물고 있느냐? 왜 모든 것이 끝난 것처럼 좌절하고 있느냐? 왜 슬피 울고만 있느냐? 지금이 입 다물고 울 때냐?"

그리고 이어서 하신 말씀이 무엇입니까?

"너는 내게 부르짖으라."

하나님은 예레미야에게 입을 다물고 있지 말고, 소리를 내어 부르짖고 기도하라고 말씀하십니다. 그렇게 하면 그가 어디에 있든지, 감옥에 있든지 밖에 있든지 상관없이 그의 기도에 응답하겠고, 그가 알지 못하는 크고 신비로운 일까지도 보이겠다고 말씀하십니다. 이 예레미야에게 임한 말씀, "너는 내게 부르짖으라"라는 말씀이 오늘도 삶의 옥중에 갇혀 있고, 마음의 옥중에 갇혀 있으며,

좌절과 절망과 눈물과 문제의 감옥에 갇혀 있는 성도들에게 주시는 말씀인 줄 믿습니다. 이 역사가 우리 모두에게 일어나기를 축원합니다.

"너는 내게 부르짖으라. 내가 네게 응답할 것이다. 그리고 네가 기도한 것보다 더 놀라운 일을 행할 것이다."

기도의 기본은 부르짖는 것이다

재식 훈련의 기본자세는 차려 자세입니다. 태권도의 기본자세는 기마 자세입니다. 수영의 기본자세는 호흡입니다. 그렇다면 기도의 기본자세는 무엇일까요? 부르짖는 기도입니다. 다른 말로 통성 기도입니다.

놀랍게도 성경에는 잠잠히 기도하라는 말이 없습니다. 성경은 한결같이 부르짖어 기도하라고 말씀합니다. 하나님은 우리가 얼마나 간절한지, 얼마나 진심으로 하나님을 찾고 의지하는지를 그 부르짖음을 통해 보고 계시기 때문입니다. 그래서 본문 3절은 이렇게 시작합니다.

"너는 내게 부르짖으라"(렘 33:3).

여기서 '부르짖다'의 원어 '카라'(קָרָא)는 큰 소리로 외치는 것을 의미합니다.

성경 속 인물들의 부르짖는 기도

성경을 보면, 위대한 인물들은 문제 앞에서 침묵 기도나 묵상 기도에 머물지 않았습니다. 그야말로 모두 간절히 부르짖었습니다. 통성 기도를 마친 후 잠잠히 앉아서 하나님을 기다리거나 임재를 느끼며 묵상하는 장면은 등장하지만, 인생의 문제 앞에서 부르짖지 않은 사람은 한 사람도 없었다는 사실을 우리는 분명히 주목해야 합니다.

아브라함은 소돔과 고모라를 멸망시키지 말아 달라고 하나님께 기도할 때, 하나님께 매달려 다섯 번이나 간절히 기도했고, 그때마다 하나님의 마음을 움직였습니다. 그야말로 처절하게 부르짖는 기도였습니다.

야곱은 얍복강에서 허벅지 관절이 어긋날 정도로 간절히 씨름하며 기도했고, 마침내 응답을 받았습니다. 이스라엘 백성이 황금 송아지를 만들어 하나님 앞에 범죄하여 하나님이 그들을 멸하시려 할 때, 모세는 산으로 올라가 그들의 죄를 용서해 달라고 기도합니다. 그가 어떻게 기도했습니까?

"하나님, 우리 백성의 죄를 용서해 주십시오. 그렇게 하지 않으실 거라면, 차라리 제 이름을 생명책에서 지워 주십시오."

이 간절한 기도를 통해 모세는 하나님의 응답을 받았습니다.

엘리야는 갈멜산 위에서 바알의 선지자들과 맞서 싸울 때, 하나님 앞에 부르짖어 기도하며 "여호와여, 내게 응답하소서. 여호와여, 내게 응답하소서"라고 외쳤고, 그 기도에 하늘에서 불이 내려 제단을 태웠습니다. 그리고 그 자리에서 엎드려, 3년 동안 내리지 않던 비를 내려 달라고 머리를 무릎 사이에 넣고 간절히 기도했습니다. 비가 올 때까지 일곱 번이나 종을 보내 확인하게 하며 기도를 멈추지 않았고, 마침내 그 간절함에 하늘 문이 열려 산사태가 날 정도로 비가 쏟아졌습니다.

예수님 또한 겟세마네에서 침묵으로 기도하신 것이 아니라 땀이 날 정도로 기도하셨고, 마침내 그 땀에 피가 섞여 나올 정도로 간절히 기도함으로 십자가를 질 용기를 얻으셨습니다. 성경의 그 누구도 문제를 만났을 때 조용히만 기도한 사람은 없습니다. 야곱이든, 예수님이시든, 모두 간절히 부르짖어 응답을 받았습니다.

부르짖는 기도의 대가, 다윗

그러나 부르짖는 기도의 대가는 그 누구도 아닌 다윗입니다. 시편 3편 4절에서 그는 아들 압살롬의 쿠데타로 인해 도망치며 이렇게 기도했습니다.

"내가 나의 목소리로 여호와께 부르짖으니 그의 성산에서 응답하시는도다."

시편 18편 6절은 사울에게 쫓기며 모진 고난을 당할 때마다, 다윗이 부르짖어 응답받은 기도입니다.

"내가 환난 중에서 여호와께 아뢰며 나의 하나님께 부르짖었더니 그가 그의 성전에서 내 소리를 들으심이여 그의 앞에서 나의 부르짖음이 그의 귀에 들렸도다."

시편 34편 17절은 다윗이 블레셋 땅에 갔다가 붙잡혀 죽을 위기에 처했을 때 드린 기도입니다.

"의인이 부르짖으매 여호와께서 들으시고 그들의 모든 환난에서 건지셨도다."

시편 142편 1-2절은 다윗이 동굴 속에 숨어서 드린 기도입니다.

"내가 소리 내어 여호와께 부르짖으며 소리 내어 여호와께 간구하는도다 내가 내 원통함을 그의 앞에 토로하며 내 우환을 그의 앞에 진술하는도다."

시편 61편 1-2절은 깊은 우울과 고립감 속에서 마음이

슬프고 약해졌을 때 드렸던 기도입니다.

"하나님이여 나의 부르짖음을 들으시며 내 기도에 유의하소서 내 마음이 약해질 때에 땅끝에서부터 주께 부르짖으오리니 나보다 높은 바위에 나를 인도하소서."

시편 40편 1절은 적들이 파 놓은 수렁에 빠져 살려 달라고 기도하는 장면입니다.

"내가 여호와를 기다리고 기다렸더니 귀를 기울이사 나의 부르짖음을 들으셨도다."

한 인생이 어찌 이렇게 처절할 수 있을까요? 어떻게 이런 환경 속에서 살 수 있었고, 버틸 수 있었고, 결국 이길 수 있었으며, 마침내 한 나라의 왕이 될 수 있었을까요? 그의 부르짖음을 하나님이 들어주셨기 때문입니다. 그의 간절한 기도가 하나님의 귀에 들린 것입니다.

부르짖는 기도가 멈추어진 이유

저는 목회를 하며, 밤낮없이 부르짖고 기도해도 모자랄 문제를 만났음에도 불구하고, 부르짖는 기도가 자기 스타일이 아니라서 못 하겠다고 말하는 사람을 많이 보았습니다. 결국 기도로 이길 수 있었던 문제를 더 악화시켜 낭패를 당하는 모습도 여러 번 목격했습니다. 주변에서는 사랑으로 대신 부르짖어 기도해 주는데, 정작 당사자는 예수를 믿으면서도 하나님 앞에 입을 다문 채 부르짖지 않는 성도들도 보았습니다. 그중에는 부르짖고 기도하는 모습이 경박해 보여 싫다고 말하는 사람도 있었습니다. 기독교는 그렇게 소리 내며 기도하는 천박한 종교가 아니라고 말하는, 어느 유명 목회자의 설교를 들은 적도 있습니다.

그래서 저는 이렇게 묻고 싶습니다.

"예수님도 천박하신 분입니까? 다윗은 경박한 사람이어서 그렇게 부르짖었습니까? 도대체 무슨 근거로 통성 기도가 경박하고 천박하다고 말하는 것입니까?"

통성 기도는 하지 말고 조용히만 기도하라고 가르치는 그 설교를 들으며, 저는 이런 생각이 들었습니다.

'아, 이분은 고생을 해 보지 않았구나. 인간의 비통함을 경험해 보지 못했구나. 철학과 인문학은 공부했는지 몰라도, 부르짖는 성도들의 눈물은 보지 못했구나.'

그런 설교자들이야말로 한국 교회의 기도를 가로막는 기도 방해꾼들입니다. 자기 혼자 조용히 기도하는 것도 모자라, 다른 사람들의 기도까지 막고 있기 때문입니다.

예수님이 꾸짖으신 것은, 예루살렘의 가장 번화한 거리 한복판에서 사람들의 눈을 의식하며 옷을 찢고 큰 소리로 회개 기도를 하던 바리새인들의 외식이었습니다. 그래서 그런 기도라면 차라리 골방에 들어가 조용히 기도하라고 말씀하신 것입니다. 그러나 진심으로 하나님 앞에 엎드려 자신의 아픔과 고통을 아뢰는 부르짖는 기도를 예수님께서 꾸짖으신 적은 단 한 번도 없습니다.

부르짖는 기도가 나라를 살리고, 삶을 바꾼다

한국 교회가 언제부터 조용히 기도했습니까? 부르짖는 기도로 일제의 통치를 이겨 냈고, 함께 모여 통성 기도로 분단의 아픔을 딛고 일어섰으며, 보릿고개의 고통을 지나왔습니다. 나라에 위기가 닥칠 때마다 성도들이 모여 이 나라와 이 민족을 불쌍히 여겨 달라고 부르짖던 그 기도가 이 나라를 살려 낸 것 아닙니까?

그런데 배부르고 살 만해지자, 가장 먼저 사라진 것이 기도입니다. 그때부터 온갖 이름의 기도들이 등장하며, 마치 신제품을 출시하듯 기도의 고급화가 이루어졌고, 그와 동시에 기도의 야성을 잃어버렸습니다. 그 결과 한국 교회에서 기도가 사라졌고, 결국 한국 교회는 힘을 잃게 되었습니다.

교회 안에 기도 소리가 울려 퍼질 때, 마귀도 두려워 성도들을 건드리지 못했습니다. 성도가 기도하면 하나님이 불칼로 그 사람을, 그 교회를, 그 나라를 지켜 주시기 때문입니다.

제가 미국에서 목회할 때, 성도들 한 사람, 한 사람의 삶은 눈물 없이 들을 수 없는 이야기들이었습니다. 모두 울고 싶고, 소리치고 싶었지만, 낯선 땅과 낯선 문화 속에서 울지도, 소리치지도 못해 속이 썩어 들어가는 모습을 보았습니다. 저와 아내도 마찬가지였습니다. 출세를 위해 미국에 왔다가, 눈 뜨고 코 베인 사람들이 모인 곳이 바로 교회였습니다. 그래서 그분들에게 하나님 앞에서 마음껏 부르짖어 기도하라고 시작한 것이 금요 성령 집회였습니다.

음악을 크게 틀어 놓을 테니, 와서 울고 싶은 만큼 울고, 하나님 앞에 어리광 부릴 만큼 부리고, 소리 지를 만큼 지르며 기도하라고 했습니다. 그러자 그 피곤한 가운데서도 새벽에 나오고, 금요일 밤에 나와 부르짖어 기도하기 시작했습니다. 그 기도 속에서 아픔이 녹아내리고, 상처가 치유되며, 울면서 시작한 기도가 웃음으로 바뀌고, 절망이 소망으로, 한숨이 춤으로 바뀌는 것을 보았습니다.

제가 강남중앙침례교회에 부임한 이후 가장 집중한 것

도 금요 성령 집회입니다. 처음 금요 집회를 시작했을 때, 성도들이 조금만 기도하고 금방 일어나 가기에 이유를 물었더니, 지하철이 끊기는 시간이어서 그렇다고 했습니다. 그래서 집회 시간을 밤 9시에서 8시로 앞당겼습니다. 지하철 끊길 걱정 없이 마음껏 기도하게 했고, 지금은 전국에서 견학을 오는 금요 성령 집회가 되었습니다.

부르짖는 기도에는 응답의 간증이 쏟아집니다. 하나님이 "부르짖으라"라고 명령하셨고, 그 명령에 순종해 기도하는데, 어떻게 하나님이 응답하지 않으시겠습니까?

저는 우리 교회에 통성 기도가 살아 있음이 얼마나 감사한지 모릅니다. 앞으로 아무리 큰 복을 하나님께 받아도, 우리의 입에서 부르짖는 기도가 멈추지 않기를 바랍니다. 그것이 우리가 사는 길입니다. 하나님 앞에서 우는 자는 세상 앞에서 울지 않습니다. 하나님 앞에 엎드리는 자는 세상 앞에 엎드리지 않으며, 하나님 앞에 무릎 꿇는 자는 세상 앞에 무릎 꿇지 않습니다.

당신의 모든 간절한 기도가 하나님께 상달되어, 모두 응답되기를 축원합니다.

1. 예레미야처럼 마음의 감옥에 갇혀 입을 다물고 울고만 싶을 때가 있었나요? 주님이 "너는 내게 부르짖으라"라고 속삭이신다면, 당신은 어떤 마음의 응어리를 가장 먼저 쏟아 내고 싶은가요?

2. 다윗은 인생의 고비마다 "목소리를 높여 부르짖었다"라고 고백합니다. 당신에게 기도는 점잖은 의식인가요, 아니면 살기 위해 매달리는 처절한 몸부림인가요? 기도의 '야성'을 가장 뜨겁게 경험한 적이 있다면 나누어 보세요.

3. 하나님 앞에 무릎 꿇는 자는 세상 앞에 무릎 꿇지 않는다고 합니다. 기도를 통해 세상이 줄 수 없는 담대함과 평안을 얻었던 최근의 간증이 있다면 자유롭게 나누어 보세요.

5

【 믿음 】

온전한 신뢰를
배우는 시간

너희는 말세에 나타내기로 예비하신 구원을 얻기 위하여
믿음으로 말미암아 하나님의 능력으로 보호하심을 받았느니라
그러므로 너희가 이제 여러 가지 시험으로 말미암아
잠깐 근심하게 되지 않을 수 없으나 오히려 크게 기뻐하는도다
너희 믿음의 확실함은 불로 연단하여도 없어질 금보다 더 귀하여
예수 그리스도께서 나타나실 때에 칭찬과 영광과 존귀를 얻게 할 것이니라
예수를 너희가 보지 못하였으나 사랑하는도다
이제도 보지 못하나 믿고 말할 수 없는 영광스러운 즐거움으로
기뻐하니 믿음의 결국 곧 영혼의 구원을 받음이라_벧전 1:5-9

금보다 귀한 믿음

믿음 때문에 금을 포기해 본 적이 있으면 금보다 귀한 믿음이고, 금 때문에 믿음을 포기해 본 적이 있으면 금보다 못한 믿음입니다. 그런데 안타까운 것은, 성도임에도 불구하고 믿음보다 금을 선택하는 사람이 많다는 사실입니

다. 아이가 어릴 때는 육아가 믿음보다 더 귀한 금덩어리가 되고, 고등학교 때는 입시가 믿음보다 더 귀한 금덩어리가 됩니다. 대학교 때는 취업 준비가 믿음보다 귀한 금덩어리고, 취직하고 나면 승진이 믿음보다 귀한 금덩어리가 됩니다.

그러나 세상의 그 어떤 금덩어리를 주며 유혹해도 믿음과 바꾸지 않고 끝까지 믿음을 지키는 사람들이 있습니다. 이런 믿음을 가리켜 성경은 '금보다 귀한 믿음'이라고 말씀합니다. 바로 본문 7절에 나오는, 환난과 박해 속에서도 믿음을 지켜 낸 사람들의 이야기입니다.

"너희 믿음의 확실함은 불로 연단하여도 없어질 금보다 더 귀하여 예수 그리스도께서 나타나실 때에 칭찬과 영광과 존귀를 얻게 할 것이니라"(벧전 1:7).

좁은 문을 선택한 사람들

주일이면 많은 사람이 한 손에는 세상일을, 한 손에는 주님의 일을 들고 있다가 어떤 사람은 주의 일을 내려놓고, 믿음을 내려놓고, 주일 성수를 내려놓고 가족 여행, 주말 여행, 주말 골프를 선택합니다. 가게 문을 닫지 못해 온라인 예배를 선택하는 사람도 있습니다. 그러나 누군가는 결국 믿음을 선택하고 주님 앞으로 나아옵니다.

누구는 놀고 싶지 않겠습니까. 누구는 쉬고 싶지 않겠습니까. 누구는 믿음 생활을 쉬엄쉬엄하고 싶지 않겠습니까. 그럼에도 불구하고 그 유혹을 이기고 결국에는 믿음을 선택하는 사람들에게 하나님의 큰 칭찬이 있습니다.

믿음을 지키며 산다는 것은 결코 쉬운 일이 아닙니다. 그래서 예수님은 믿음 생활을 좁은 문에 비유하셨습니다.

"좁은 문으로 들어가라 멸망으로 인도하는 문은 크고 그

길이 넓어 그리로 들어가는 자가 많고 생명으로 인도하는
문은 좁고 길이 협착하여 찾는 자가 적음이라"(마 7:13-14).

고난을 기뻐한 믿음의 사람들

본문이 포함된 베드로전서는 사도 베드로가 여러 지역에
흩어져 신앙생활을 하던 믿음의 나그네들에게 보낸 편지
입니다. 그들은 박해 속에서 믿음을 지키기 위해 매일 나
그네처럼 도망 다니며 살아가던 신자들이었습니다. 그들
이 믿음을 지키기 위해 어떤 일을 당했는지, 히브리서 11장
36-37절은 이렇게 말씀합니다.

"또 어떤 이들은 조롱과 채찍질뿐 아니라 결박과 옥에 갇
히는 시련도 받았으며 돌로 치는 것과 톱으로 켜는 것과
시험과 칼로 죽임을 당하고 양과 염소의 가죽을 입고 유
리하여 궁핍과 환난과 학대를 받았으니."

그러면서 이렇게 결론 내립니다.

"이런 사람은 세상이 감당하지 못하느니라"(히 11:38).

그들은 오직 믿음을 지키기 위해 조롱과 채찍질, 결박과 투옥, 시련과 학대, 궁핍과 환난, 심지어 죽음까지도 맞이했습니다. 그럼에도 불구하고 언제나 믿음을 선택한 사람들이었습니다.

그런데 사도 베드로를 더욱 감동하게 한 것은, 그들이 고난을 견뎌 낸 것만이 아니라, 그 고난을 오히려 기뻐하고 있었다는 사실입니다. 본문 6절을 보십시오.

"그러므로 너희가 이제 여러 가지 시험으로 말미암아 잠깐 근심하게 되지 않을 수 없으나 오히려 크게 기뻐하는도다" (벧전 1:6).

어떻게 시험을 이기는 정도를 넘어, 시험과 고난을 기뻐할 수 있었을까요? 그 이유가 바로 7절입니다.

"너희 믿음의 확실함은 불로 연단하여도 없어질 금보다 더 귀하여 예수 그리스도께서 나타나실 때에 칭찬과 영광과 존귀를 얻게 할 것이니라"(벧전 1:7).

그들은 마지막 날에 자신들이 지켜 낸 믿음과 예수님의 칭찬을 맞바꾸게 될 것을 알았습니다. 예수님께서 많은 사람 앞에서 자신들을 영광스럽게 하고 존귀하게 높여 주실 것을 알았기 때문에, 고난이 클수록 영광이 더 크다는 사실을 알고 기뻐했던 것입니다. 로마서 5장 3-4절도 이렇게 말씀합니다.

"다만 이뿐 아니라 우리가 환난 중에도 즐거워하나니 이는 환난은 인내를, 인내는 연단을, 연단은 소망을 이루는 줄 앎이로다."

초대 교회 성도들은 예수님을 믿으면서 고난을 받는 것을 조금도 이상하게 여기지 않았습니다. 오히려 당연한 것으로 여겼고, 기뻐했습니다. 윈스턴 처칠(Winston Churchill)

의 "연은 순풍보다 역풍에서 더 높이 난다"라는 말처럼, 고난이 클수록 그들의 믿음은 더 높이 자라났기 때문입니다.

그들이 고난 가운데서도 믿음을 붙잡고 기뻐했던 이유는 분명합니다.

"생각하건대 현재의 고난은 장차 우리에게 나타날 영광과 비교할 수 없도다"(롬 8:18).

그들은 고난을 보지 않고 영광을 보았기 때문입니다.

이런 글을 본 적이 있습니다. 누군가 고난 때문에 하나님께 이렇게 물었다고 합니다.

"하나님, 저는 잘못한 것이 없는데 왜 이런 고난을 겪어야 하나요?"

그때 어디선가 이런 음성이 들렸다고 합니다.

"네가 잘한 것이 없는데도 축복받은 적은 많지 않니?"

우리는 축복은 당연하게 여기고, 고난은 이상하게 여깁니다. 그러나 초대 교회 성도들은 고난을 당연한 것으로 여겼습니다. 그 고난이 자신들을 그리스도 앞으로 더 가까이 가게 만든다는 것을 알았기 때문입니다.

그래서 믿음에는 두 종류가 있습니다. 고난의 풀무불을 통과한 믿음과 풀무불을 통과하지 않은 믿음입니다. 풀무불을 통과한 믿음은 불순물이 다 타 버리고 남은 정금 같은 믿음입니다. 그러나 풀무불을 통과하지 않은 믿음은 불순물이 그대로 남아 있는 도금 같은 믿음입니다. 평안할 때는 정금인지 도금인지 알 수 없습니다. 호수의 깊이는 가뭄이 들어야 드러나는 것처럼, 고난 앞에 서야 그 믿음이 적나라하게 드러납니다.

욥과 그의 아내도 평안할 때는 모두 정금 같은 믿음처럼 보였습니다. 그러나 고난을 만나자 욥의 아내는 하나님을 욕하며 떠나는 도금 같은 믿음이 되었고, 욥은 고난의 풀무불을 지나 정금 같은 믿음이 되었습니다.

고난이 오면 하나님을 믿는데 왜 이런 일이 생기느냐며 하나님과 멀어지는 도금 같은 믿음이 있고, 하나님이 안 계셨으면 어쩔 뻔했느냐며 더 가까이 나아가는 정금 같은 믿음이 있습니다. 저는 우리 모두가 정금 같은 믿음이 되기를 축원합니다.

하나님이 기뻐하시는 믿음

하나님이 가장 기뻐하시는 믿음이 무엇입니까? 본문 8절을 보십시오.

"예수를 너희가 보지 못하였으나 사랑하는도다 이제도 보지 못하나 믿고 말할 수 없는 영광스러운 즐거움으로 기뻐하니"(벧전 1:8).

하나님이 가장 기뻐하시는 믿음은 보지 않고도 믿는 믿음입니다. 예수님을 눈으로 보지도 못하고, 귀로 듣지도 못하고, 손으로 만지지도 못했으면서 본 것보다, 들은 것보다, 만진 것보다 더 확실하게 믿는 그 믿음이 하나님을 기쁘시게 하는 것입니다.

베드로에게 이 모습은 너무도 귀하고 신기한 일이었습니다. 베드로는 예수님을 눈으로 보았고, 귀로 들었으며, 3년 동안 함께하는 가운데 그분을 직접 만졌습니다. 그는 예수님이 십자가에 달리신 장면도, 부활하신 모습도 모두 보았기에 예수님을 믿고 그분을 위해 고난을 받는 것이 그리 어렵지 않았습니다. 그런데 흩어진 나그네들은 달랐습니다. 그들은 예수님을 본 적이 없는데도 베드로 자신보다 더 환난을 이겨 냈고, 고난 가운데서도 기뻐했으며, 예수님을 보지 못하였으나 사랑하고, 믿고, 말할 수 없는 영광스러움으로 기뻐하고 있었습니다. 그 모습을 보고 있노라니, 그 믿음이야말로 정금보다 귀한 믿음이라고 칭찬하지 않을 수 없었던 것입니다.

저는 지금 우리의 이야기를 하고 있는 것입니다. 베드로가 오늘날 우리 한국 교회에 예배드리러 온다면 똑같이 놀랄 것입니다. 우리는 예수님을 눈으로 본 적도 없고, 귀로 들은 적도 없으며, 손으로 만져 본 적도 없지만, 그럼에도 불구하고 예수님을 믿고, 사랑하고, 하나님을 예배하고 있기 때문입니다. 우리가 이 땅에서 한 번도 보지 못한 예수님을 믿으며 살아간다는 것은 결코 쉬운 일이 아닙니다. 그러나 바로 그렇기 때문에 그 믿음이 귀한 것이고, 그 믿음이 하나님의 마음에 감동을 드리는 것입니다.

삶이 힘들어질 때마다 예수님이 계신지 안 계신지 마음

이 열두 번도 넘게 흔들릴 때가 있지만, 그럼에도 결국에는 다시 믿음을 붙잡고 일어서서 주님을 찬양하는 그 믿음, 그 믿음이 하나님의 마음을 감동시키는 것입니다. 그리고 그 정금보다 귀한 믿음을 가진 사람들에게 하나님께서는 반드시 칭찬과 영광과 존귀로 천국에서 가장 큰 상을 주실 줄로 믿습니다.

영광의 면류관과 맞바꾸는 믿음

제가 바울 서신을 읽을 때마다 특히 감동을 받는 구절이 있습니다. 디모데후서 4장 6-7절입니다.

"전제와 같이 내가 벌써 부어지고 나의 떠날 시각이 가까웠도다 나는 선한 싸움을 싸우고 나의 달려갈 길을 마치고 믿음을 지켰으니."

'믿음을 지켰으니'라는 이 고백은 바울 역시 수도 없이 믿음이 흔들린 적이 있었음을 말해 줍니다. 믿음을 떠나고 싶은 마음도 있었고, 주를 위해 고난을 받을 때마다 주님을 부인하고 세상길로 가고 싶은 유혹도 있었다는 뜻입니다. 그럼에도 불구하고 바울은 다시 믿음을 붙잡고, 또다시 붙잡아, 마침내 주님 앞에 설 때 "내가 믿음을 지켰습니다"라고 고백할 수 있게 되었다는 것입니다. 결국 그 믿음과 영광의 면류관을 맞바꾼 것입니다.

우리가 믿음을 잃지 않고 끝까지 지켜 나가기 위해 반드시 기억해야 할 한 가지가 있습니다. 하나님을 절대적으로 믿는 자는 하나님이 반드시 지켜 주신다는 사실입니다. 하나님은 당신을 믿는 우리의 믿음을 배신하시는 분이 아니라, 그 믿음에 반드시 보상해 주시는 분입니다. 이어령 박사는 이런 해석을 했습니다. 공중을 나는 새들은 엽총으로 쏴서 잡아먹으면서도 처마 밑에 집을 짓고 사는 제비는 손만 뻗으면 잡을 수 있음에도 불구하고 잡아먹지 않고, 오히려 떨어지면 깁스를 해서라도 다시 제비집에 넣어 살려 주는 이유가 무엇이냐는 것입니다. 그 이유는 이렇습니다.

"제비는 인간을 믿고 자기를 맡겼기 때문이다."

다른 새들은 인간을 무서워해 도망가기에 바쁘지만, 제비는 인간을 믿고 자신을 맡기기에, 인간은 그 믿음을 배신하지 않기 위해 지극정성으로 제비를 보호하고 지키고 고치고 살려 주는 것입니다. 하물며 하나님께 도와 달라고 의지하며 하나님을 믿고 자기 인생을 맡기는 사람을 하나님께서 실망시키실 리가 있겠습니까. 그래서 믿음이란 하나님을 믿고 우리의 인생을 맡기는 것이며, 하나님께 인생을 맡길 때 하나님이 우리를 보호하고 지켜 주신다는 사실을 믿고 맡기는 것입니다. 그렇게 맡길 때 하나님은 우리의 믿음을 결코 실망시키지 않으시고, 그 믿음을 보고 고쳐 주시고, 살려 주시며, 지금부터 영원까지 지켜 주시는 것입니다.

금을 가졌거나 땅이 많다고 부자가 아닙니다. 우리가 가진 믿음이 금보다 귀한 보물입니다. 주님 앞에 설 때까지 그 믿음을 절대로 도둑맞지 말고, 버리지 말고, 끝까지 붙잡아 그 믿음과 영광의 면류관을 맞바꾸게 되기를 축원합니다.

1. 주님은 '보지 못하나 사랑하는 믿음'을 가장 기뻐하십니다. 눈앞의 상황은 막막하지만, 여전히 당신을 사랑하시는 주님을 신뢰하며 끝까지 지켜 내야 할 '믿음의 싸움'은 무엇인가요?

2. 평소에는 정금인지 도금인지 잘 알 수 없지만, 고난의 '풀무불' 앞에 서면 그 진가가 드러납니다. 최근 당신의 믿음이 흔들릴 만한 상황 속에서, 당신은 '도금'처럼 벗겨졌나요, 아니면 '정금'처럼 단단해졌나요?

3. 제비가 인간을 믿고 처마 밑에 집을 짓듯, 하나님을 믿고 인생을 맡겼을 때 주님이 당신을 어떻게 보호하고 고쳐 주셨는지, 그 따뜻한 기억을 나누어 보세요.

6

【 소망 】

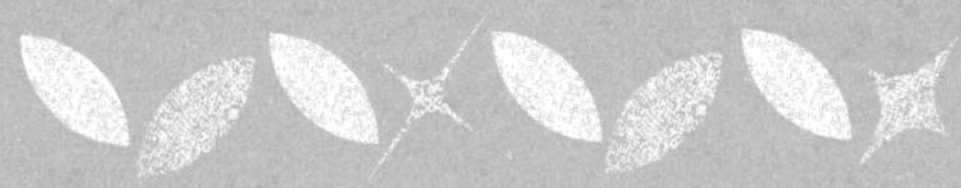

감춰졌으나
끝내 드러날 영광

영화 〈캐스트 어웨이〉(Cast Away)는 톰 행크스(Tom Hanks)가 주인공 척 놀랜드 역을 맡아, 항공 택배회사 페덱스(FedEx)의 임원으로 전 세계를 다니며 운영 점검을 담당하는 이야기로 시작됩니다. 그러던 어느 날, 사고로 비행기가 추락하고, 그는 무인도에 홀로 남겨져 살아가게 됩니다. 그곳에서 무려 4년 3개월을 산 뒤에야 구조를 받게 되는 생존 영화입니다.

주인공은 바다에 떠내려 온 택배 상자 속 물품들을 이용해 생존을 이어 갑니다. 스케이트 날을 갈아 칼을 만들고, 비디오테이프의 필름으로 노끈을 만들며, 배구공에 사람 얼굴을 그려 '윌슨'이라는 이름을 붙이고 친구로 삼습니다. 그런데 그렇게 절대적으로 물자가 부족한 환경 속에서도, 주인공은 바다에서 떠내려 온 택배 하나만큼은 끝내 뜯지 않고 보관해 둡니다. 희망 때문입니다. 반드시 살아서 이 택배를 주인에게 전달하겠다는 그 소망이 그의 생존을 붙드는 동기였기 때문입니다.

마침내 4년 3개월의 시간이 흐른 뒤, 그는 떠내려 온 컨테이너에 몸을 싣고 구조를 받게 되고, 끝까지 지켜 낸 그 택배를 주인에게 전달하며 영화는 끝이 납니다.

이 영화는 우리에게 질문합니다. 주인공을 구조한 것은 컨테이너였을까요, 아니면 끝내 뜯지 않았던 그 택배 상자였을까요? 그 택배 상자에는 천사의 두 날개가 그려져 있습니다. 어쩌면 컨테이너를 기다릴 수 있었던 용기, 언젠가 저 날개처럼 다시 날아오를 수 있으리라는 희망을 붙들게 했던 것은, 개봉하지 않은 그 택배 상자가 아니었을지 묻고 있는 것입니다.

하늘에 저장된 소망

본문에는 듣기만 해도 가슴에 뭉게구름이 피어오르는 멋진 표현이 나옵니다. '하늘에 쌓아 둔 소망'입니다. 더 놀라운 것은, 그 소망이 누구를 위해 쌓아 둔 소망인가를 설명하며 '너희를 위하여 하늘에 쌓아 둔 소망'이라고 말하고 있다는 사실입니다.

사실 이 표현을 원어 그대로 해석하면 '하늘에 저장된 소망'이라는 뜻입니다. 다시 말해, 믿는 성도들을 위해 하늘에 저장해 놓은 소망은 그 어떤 도둑이 와도 훔쳐 갈 수도 없고, 해킹해서 빼앗아 갈 수도 없으며, 절대로 흔들리거나 사라지지 않는다는 뜻입니다. 그러므로 하나님께 나아가는 자가 하나님이 계신 것과 그분을 찾는 자들에게 상 주시는 이심을 믿고 붙드는 그 소망은 결코 우리를 배신하지 않습니다. 어느 누구도 천국에 저장된, 우리를 위한 그 소망을 훔쳐 갈 수 없습니다. 다시 말해, 하늘의 소망을 바라보며 오늘 주를 위해 흘리는 땀과 시간과 열정은 결코 헛되지 않다는 말입니다.

사람은 돈이 없거나 체력이 없어서 망하지 않고, 소망이 없어서 망한다는 말이 있습니다. 소망은 이처럼 오늘을 살아가는 사람에게 돈보다, 체력보다 더 소중한 보물입니다. 우리가 살아갈 때 바라볼 소망이 있다는 것은 오늘을 살아갈 충분한 이유를 주기 때문입니다.

어릴 적 저에게 최고의 간식은 밀떡이었습니다. 밀가루 반죽에 사카린을 넣어 발효시킨 뒤 솥에 부어 쪄 낸 밀떡은 그야말로 최고의 맛이었습니다. 어머니는 그 떡을 언제나 선선한 선반 위에 올려 두셨습니다. 문제는 제 키로는 도저히 손이 닿지 않는다는 것이었습니다. 그 바구니는 늘 저의 바라봄의 대상이었습니다.

어머니는 제가 착한 일을 하면 어김없이 그 바구니에서 떡을 꺼내 주셨습니다. 그 떡이 선반 위에 있는 한, 심부름도 힘들지 않았고, 마당을 쓰는 일도 어렵지 않았습니다. 그것이 바로 선반 위에 놓인 바구니 속의 떡이 주는 소망의 힘입니다.

하물며 하늘에 쌓아 둔 소망이 우리를 위해 준비되어 있다고 하니, 이 세상에서 삶이 아무리 힘들고 어려워도 우리는 살아갈 이유가 충분합니다. 절망하고 좌절해 땅만 바라보며 살아갈 이유가 전혀 없는 것입니다. 그래서 바울도 인간의 한계를 넘어서는 고통을 날마다 겪으면서도, "부르신 부름의 상을 위하여 달려가노라"(빌 3:14)라고 고백할 수 있었던 것입니다.

환난 가운데서도 즐거워할 수 이유

의미 치료의 창시자 빅터 프랭클(Viktor Frankl)은 그의 책 《죽음의 수용소에서》(청아출판사 역간)에서 자신이 아우슈비츠 수용소에 강제 수용되었을 때를 회상합니다. 그는 수용소를 둘러싼 철조망을 보며 좌절한 사람들은 대부분 수용소 안에서 생을 마감했지만, 철조망 너머의 세상을 바라보던 사람들은 살아남았다고 말합니다. 감옥 속에서도 의미와 소망을 잃지 않는 사람은, 죽이고 싶어 하는 사람의 의지마저 꺾어 버린다는 것입니다.

사람은 돈이나 체력보다, 삶의 소망이 더 강력한 생의 원동력이 됩니다. 아무리 돈이 많고 건강해도, 왜 살아야 하는지 알지 못하고 그 돈을 어디에 써야 하는지도 모른 채 삶의 의미를 잃어버린 사람은, 오늘도 그 돈과 체력을 가지고 괴로워합니다. 반면에 삶의 소망을 잃지 않은 사람은, 오늘도 힘차게 하루를 시작하며 생의 의지를 불태우고 살아갑니다.

그러므로 하나님을 믿는 사람들에게는 환난이 와도, 소망이 그 환난을 이기게 합니다. 그 어떤 것도 우리의 소망을 꺾어 놓을 수 없고, 빼앗아 갈 수 없으며, 우리의 소망이 우리를 실망시키는 일도 없습니다. 그래서 로마서 5장 3-4절은 이렇게 노래합니다.

"다만 이뿐 아니라 우리가 환난 중에도 즐거워하나니 이는 환난은 인내를, 인내는 연단을, 연단은 소망을 이루는 줄 앎이로다.”

우리가 환난 가운데서도 즐거워할 수 있는 이유는, 장차 이루어질 소망이 있기 때문입니다. 그러나 혹자는 이렇게 질문합니다.

“그렇게 바라고 믿고 소망했는데, 그 소망이 결국 이루어지지 않고 우리를 배신하면 어떻게 하나요?”

이 질문에 대해 성경은 분명하게 대답합니다.

“소망이 우리를 부끄럽게 하지 아니함은 우리에게 주신 성령으로 말미암아 하나님의 사랑이 우리 마음에 부은 바 됨이니”(롬 5:5).

세상의 소망은 때로 우리를 배신하지만, 하나님 안의 소망이 결코 우리를 실망시키지 않는 이유는, 우리 안에 계신 성령님이 그 소망의 항구까지 우리를 이끌고 가시기 때문입니다.

존 버니언(John Bunyan)이 쓴 기독교 고전 《천로역정》(*The*

Pilgrim's Progress)에 나오는 한 장면입니다. 주인공 크리스천은 '소망'이라는 이름의 동행자와 함께 죽음의 강을 건너야 합니다. 그러나 그 강을 본 크리스천은 두려움에 사로잡혀 발을 내딛지 못합니다. 그때 이미 강에 발을 담그고 앞으로 나아가던 소망이, 뒤에 있는 크리스천을 향해 이렇게 외칩니다.

"두려워 마세요. 바닥이 밟힙니다."

존 버니언이 '소망'이라는 동행자를 통해 전하고자 하는 메시지는 분명합니다. 소망은 언제나 우리보다 한 발 앞서가며, 우리를 안심시키고 담대하게 그 뒤를 따라오게 만든다는 것입니다. 소망이 없다면 우리는 믿음 생활을 하다가 두려움의 강을 만날 때마다 쉽게 좌절하고, 지치고, 절망 가운데 쓰러지고 말 것입니다. 그러나 그때마다 소망은 우리를 향해 외칩니다.

"다시 일어나세요. 다시 앞으로 걸으세요. 두려워하지 말고 발을 내미세요. 바닥이 밟힙니다."

오늘도 힘겨운 하루하루를 두려움과 절망 속에서 살아가는 이들에게, 소망은 이렇게 외칩니다.

"두려워하지 말고 앞으로 오세요. 바닥이 밟힙니다."

천국이 준비된 사람의 삶

본문이 담긴 골로새서는, 복음 전도자들을 통해 복음을 전해 듣고 천국의 소망을 품고 살아가던 골로새교회 성도들의 믿음이 흔들리고 있던 상황 속에서 기록된 편지입니다. 영지주의와 금욕주의, 헬라 철학과 혼합된 유대 율법주의, 신비주의에 이르기까지 다양한 이단 사상이 복음의 옷을 입고 들어와, 천국을 향해 나아가던 성도들의 믿음을 뒤흔들고 있었습니다. 그렇게 분명하게 보이던 천국을 점점 희미하게 만들어 버리는 가르침들이었습니다.

이 긴급한 문제 앞에서 바울이 골로새서를 기록한 것입니다. 그리고 그 핵심이 바로 이 장의 본문입니다.

"너희를 위하여 하늘에 쌓아 둔 소망으로 말미암음이니

곧 너희가 전에 복음 진리의 말씀을 들은 것이라 이 복음이 이미 너희에게 이르매 너희가 듣고 참으로 하나님의 은혜를 깨달은 날부터 너희 중에서와같이 또한 온 천하에서도 열매를 맺어 자라는도다"(골 1:5-6).

이 말씀을 조금 더 쉽게 풀어서 설명하면 이런 뜻입니다. 우리가 붙잡고 있는 이 복음은, 우리를 반드시 구원에 이르게 할 복음이라는 것입니다. 세상 그 누가 와서 그 진리의 복음을 흔들어 놓으려 해도, 그 복음을 붙잡고 살아가는 사람은 분명히 하늘에 쌓아 둔 소망의 주인공이 된다는 말입니다. 그래서 바울은 고린도전서 15장 58절에서 이렇게 권면합니다.

"그러므로 내 사랑하는 형제들아 견실하며 흔들리지 말고 항상 주의 일에 더욱 힘쓰는 자들이 되라 이는 너희 수고가 주 안에서 헛되지 않은 줄 앎이라."

우리의 삶에서 가장 영광스럽고, 가장 자랑스럽고, 가

장 큰 힘이 되는 사건은 무엇입니까? 그것은 우리가 하늘에서 보낸 복음의 초청장을 받았다는 사실입니다. 우리가 하나님의 선택을 받았다는 것입니다.

하나님이 선택하신 사람은 사탄도, 세상도 함부로 손 댈 수 없는 존재가 되었습니다. 우리를 택하고 부르며 자녀 삼으신 하나님이, 성령 하나님으로 우리 안에 거하며 우리를 끝까지 천국으로 인도해 주실 것입니다. 이 천국의 소망은 막연한 바람이 아니라, 이미 우리의 구원의 보증이 하늘에 저장되어 있다는 소망입니다.

그러므로 이 확실한 소망 때문에, 오늘 우리가 아무리 힘들고 어려워도, 하나님께 선택받았다는 이 사실 하나만으로 우리는 결코 좌절할 이유가 없습니다. 이런 사람은 이 땅에서 어떤 고난을 당하고, 어려운 일을 당하고, 부당한 일을 겪어도 넘어지거나 쓰러지거나 포기할 이유가 없습니다. 장차 우리를 위해 천국이 준비되어 있기 때문입니다. 그것만 생각하면 다시 얼굴에 미소가 번지고, 살아갈 힘이 생기며, 일곱 번 넘어져도 여덟 번 털고 다시 일어나게 됩니다.

소망이 고난을 이기게 한다

초등학교 시절의 일입니다. 대략 초등학교 4학년쯤 되었을 때, 드디어 저희 집에 다리 네 개 달린 텔레비전이 들어오던 날이었습니다. 그 무렵, 저는 마을 앞 동네인 장성에 있는 고모 집에 놀러 가 있었는데, 두 살 위의 누님이 저를 데리러 그 장성까지 찾아왔습니다.

고모 집 마당에 들어오자마자 누나는 크게 소리쳤습니다.

"병락아, 집에 가자. 집에 가자."

더 놀고 싶던 저는 버티며 말했습니다.

"와? 더 놀다 갈란다. 혼자 가라."

그때 누나가 외쳤습니다.

"우리 집에 텔레비전 들어왔다. 빨리 가자."

그 소리에 하늘이 열리고 천사의 나팔 소리가 들리는 듯, "진짜가?" 하며 정신없이 뛰어갔습니다. 제 생애 기뻤던 일들 가운데 하나였습니다. 누나도 같은 마음이었기에, 그 먼 길을 동생에게 좋은 소식을 전하러 온 것이 아니겠습니까.

장성에서 집으로 가려면 논두렁길을 여러 개 건너야 했는데, 모내기를 막 끝낸 논두렁은 물기가 많아 미끄러웠습니다. 그런데 앞서가던 누나가 그만 발을 잘못 디뎌 넘어지고 말았습니다. 누나의 얼굴이 논두렁에 그대로 박혔습니다. 일어나서 저를 바라보는데 얼굴에 진흙이 가득했습니다. 더 놀라운 것은, 입을 벌렸는데 입안에도 진흙이 한가득이었습니다. 그 정도면 "너 때문에 장성까지 와서 이렇게 되었다"하며 울고불고 난리가 났을 법한데, 누나는 아무 일도 없다는 듯 손을 입으로 넣어, 숟가락으로 밥을 뜨듯 진흙을 빼내더니 웃으며 말했습니다.

"뭐 하노…. 가자."

그때 저는 소망이 고난을 이기는 장면을 눈으로 보았습니다. 집에 텔레비전 한 대가 들어온다는 소망 하나가, 울어야 할 상황에서도 누나를 웃게 만들었습니다. 이것이 바로 소망이 고난을 이기게 하는 모습입니다.

기독교는 소망의 종교입니다. 사람이 만들어 낸 추상적인 소망이 아니라, 틀림없이 하늘에 저장되어 있는 소망, 하늘에 쌓아 둔 소망, 곧 천국이 우리를 기다리고 있습니다. 그래서 수많은 믿음의 선진이 예수님을 믿는다는 이유로 고향을 잃고 나그네로 살아가면서도, 그 삶을 아무렇지 않게 살아 낼 수 있었습니다. 돌아갈 땅의 고향이 아니라, 영원한 천국 본향을 바라보는 소망이 있었기 때문입니다.

히브리서 11장 15-16절은 이렇게 말씀합니다.

"그들이 나온바 본향을 생각하였더라면 돌아갈 기회가 있었으려니와 그들이 이제는 더 나은 본향을 사모하니 곧 하늘에 있는 것이라."

그들은 더 나은 본향, 천국을 바라보며 어떤 어려움도 이겨 내며 믿음의 길을 걸었습니다. 그래서 히브리서 10장 23절은 외칩니다.

"또 약속하신 이는 미쁘시니 우리가 믿는 도리의 소망을 움직이지 말며 굳게 잡고."

그 이유는 로마서 5장 5절의 약속처럼, 소망이 결코 우리를 부끄럽게 하지 않을 것이기 때문입니다.

"소망이 우리를 부끄럽게 하지 아니함은 우리에게 주신 성령으로 말미암아 하나님의 사랑이 우리 마음에 부은 바 됨이니."

오늘도 우리보다 앞서가고 있는 소망이, 절망 가운데 쓰러진 우리를 향해 이렇게 외치고 있습니다.
"일어나세요. 여기, 바닥이 밟힙니다."

1. 영화 〈캐스트 어웨이〉에서 뜯지 않은 택배 상자가 무인도에 떨어진 주인공을 살렸듯이, 인생의 거친 파도를 견디게 하는 '나만의 소망 상자' 안에는 무엇이 들어 있나요?

2. "두려워 마세요, 바닥이 밟힙니다"라는 소망의 외침이 지금 당신에게 어떻게 들리나요? 깊은 강을 건너는 것처럼 두려운 일을 앞두고 있을 때, 이 소망의 음성이 당신의 발걸음을 어떻게 바꾸어 놓을까요?

3. 텔레비전이 들어왔다는 소식에 논두렁에 넘어져 입안에 진흙이 가득 차도 웃었던 아이처럼, 천국 소망 때문에 겪는 작은 불편이나 고난을 웃으며 넘겼던 경험이 있다면 나누어 보세요.

7

【 고난 】

은혜를 빚어 가는
손길

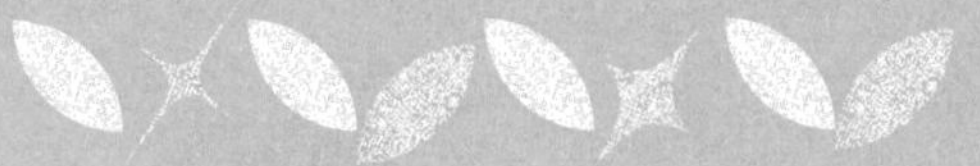

하나님과 주 예수 그리스도의 종 야고보는
흩어져 있는 열두 지파에게 문안하노라
내 형제들아 너희가 여러 가지 시험을 당하거든 온전히 기쁘게 여기라
이는 너희 믿음의 시련이 인내를 만들어 내는 줄 너희가 앎이라
인내를 온전히 이루라 이는 너희로 온전하고 구비하여
조금도 부족함이 없게 하려 함이라_약 1:1-4

세상에서 가장 어울리지 않는 두 단어의 조합이 있다면,
고난과 감사일 것입니다. 고난에 어울리는 말들은 따로
있습니다. 고난 중의 눈물, 고난 중의 절망, 고난 중의 한
숨. 그러나 고난과 감사라는 조합은 세상에서는 좀처럼
찾아보기 힘든 말입니다. 다만 한 가지 경우에만 이 두 단
어가 자연스럽게 어울립니다. 바로 '고난 후 감사'입니다.

그런데 이 장에서 살펴보려는 것은, 고난 후 감사가 아니라 '고난 중 감사'입니다. 지금 겪고 있는 이 고난이 우리를 죽일지, 아니면 살릴지 알 수 없는 상황에서, 그 결과와 상관없이 고난의 한가운데서 감사한다는 것은 말처럼 쉬운 일이 아닙니다. 살아 내기에는 참으로 어려운 고백입니다. 그런데 본문은, 마치 좋은 소식을 전하기라도 하듯, 다소 격앙된 어조로 이렇게 외칩니다.

"내 형제들아 너희가 여러 가지 시험을 당하거든 온전히 기쁘게 여기라"(약 1:2).

도대체 어떤 고난과 시험이기에, 그것을 만났을 때 기뻐하고 감사할 수 있다는 것일까요? 물론 인간이 겪는 모든 고난을 다 기뻐하고 감사하라는 뜻은 아닙니다. 기뻐해도 되고, 감사해도 되는 고난이 따로 있다는 말입니다. 그것을 분별하기 위해서는 먼저 고난의 종류를 알아야 합니다.

징계와 연단

보통 인간의 고난은 크게 두 가지로 나누어 생각할 수 있습니다. 첫 번째는 징계로서의 고난입니다. 이는 회개하고 돌이켜야 할 고난으로, 기뻐하거나 감사해서는 안 되는 고난입니다. 구약 사사 시대의 고난이 여기에 해당합니다. 두 번째는 연단으로서의 고난입니다. 이는 참고 이겨내면 정금처럼 되어 나오는 고난으로, 인내할수록 큰 유익이 되는 고난입니다. 욥의 고난이 여기에 해당합니다.

이것을 잘 분별해야 하는 이유가 있습니다. 우리가 건강 관리를 소홀히 하고, 성경에서 금한 것을 어기고 먹고 마시다가 얻게 된 질병의 고난은 징벌적 고난이기 때문에, 그때는 빨리 회개하고 끊고 돌이켜야 합니다. 그런데도 그것을 연단의 고난으로 알아 회개하지 않고 그냥 참고 견디면, 오히려 사망에 이를 수 있습니다. 우리가 당하는 고난에 대한 진단이 정확해야 올바른 처방도 할 수 있고, 고난을 제대로 이길 수 있습니다.

그렇다면 본문이 말하는 고난은, 과연 어떤 고난일까요?

"내 형제들아 너희가 여러 가지 시험을 당하거든 온전히 기쁘게 여기라 이는 너희 믿음의 시련이 인내를 만들어 내는 줄 너희가 앎이라 인내를 온전히 이루라 이는 너희로 온전하고 구비하여 조금도 부족함이 없게 하려 함이라"(약 1:2-4).

정답은 '연단으로서의 고난'입니다. 하나님은 우리를 멋진 작품으로 만들기 위해, 우리를 온전하고 구비하여 조금도 부족함이 없게 하려고, 어떤 목적을 따라 우리를 빚어 가고 계시는 것입니다. 그래서 하나님이 그 목적대로 우리를 사용하실 때, 부족하거나 불편함 없이 주님의 도구로 쓰시기 위해, 우리에게 고난을 허락하시고 그 고난의 불로 우리를 다듬어 가시는 것입니다. 마치 아무 잘못도 없는 땅속의 찰흙 한 줌이 토기장이의 눈에 띄어 그 손에 들려지는 것과 같습니다. 토기장이는 그 찰흙을 깎고 다듬고, 패대기치고, 또 돌리며 그릇을 만들어 갑니다. 그때 그 찰흙이 겪는 고난이 바로, 그릇으로 만들어지기 위한 섭리적 고난인 것입니다.

하나님의 선택은 고난이 아니라 은혜다

그런데 고난의 유익을 이야기할 때, 우리는 이런 말을 자주 듣습니다.

"형제님, 자매님, 고난을 잘 이겨 내십시오. 하나님께서 크게 쓰시려고 그러는 것입니다."

그때 마음속에서는 이런 말이 튀어나옵니다.

'목사님, 저는 크게 쓰임 받고 싶은 마음이 조금도 없습니다. 저는 고난 없이 작게 쓰임 받는 것이 더 좋습니다. 왜 하나님은 저에게 묻지도 않고 저를 크게 쓰기로 작정해서 이런 고난을 주시는 것일까요? 이런 게 하나님의 관심이라면, 저는 차라리 하나님의 무관심이 더 좋습니다.'

이것이 고난 가운데 있는 사람들의 솔직한 심정입니다.

어떤 교회에 혼자 사는 한 자매님이 계셨습니다. 개인 사업을 하던 분인데, 그 사업이 망하게 되었습니다. 그때 한 권사님이 위로하며 이렇게 말했습니다.

"하나님께서 자매님에게 큰 복을 주려고 이런 시련을 주셨나 봅니다."

그러자 그 자매님이 역정을 내면서 이렇게 말했습니다.

"권사님, 저는 그런 축복 필요 없습니다. 그렇게 좋은 거면 그 축복도 권사님이 가져가고, 그 시련도 권사님이 가져가세요. 저는 아무것도 필요 없고, 그냥 조용히 살고 싶어요."

어쩌면 이것이 바로 우리의 솔직한 심정일지도 모릅니다. 이렇게만 되면 얼마나 좋겠습니까. 그러나 우리가 모르는 것이 하나 있습니다. 우리를 크게 쓸지, 작게 쓸지는 하나님이 결정하실 일이지, 우리와 상의할 일이 아니라는 것입니다. 누구를 어떻게 쓰실지, 누구에게 복을 주실지 말지는 주인인 하나님이 스스로 정하시는 일입니다.

이 질문 앞에서 성경은 이렇게 반문합니다.

"이 사람아 네가 누구이기에 감히 하나님께 반문하느냐 지음을 받은 물건이 지은 자에게 어찌 나를 이같이 만들었느냐 말하겠느냐 토기장이가 진흙 한 덩이로 하나는 귀히 쓸 그릇을, 하나는 천히 쓸 그릇을 만들 권한이 없느냐"(롬 9:20-21).

하나님이 빚어 귀하게 쓰시겠다는데, 흙덩어리에 불과한 인생의 동의가 무슨 필요가 있겠습니까. 그것은 만드신 분의 뜻이면 충분합니다. 흙덩어리에 불과한 인생을 수많은 흙 가운데서 골라 하나님의 손으로 직접 빚어 가신다는 사실은, 고난이기 이전에 선택받은 은혜입니다.

토기장이의 손에 붙들리면, 몸이 뭉개지고 찢어지고, 물레판 위에 패대기쳐지고, 다시 뭉개지기를 반복합니다. 그러면서 점점 아름다운 도자기의 윤곽이 잡힙니다. 그 후에는 불가마에 들어가 1차 초벌구이의 불시험을 겪고, 꺼내어 서늘한 곳에 식힌 뒤 유약을 바르고, 다시 2차 재벌구이의 불시험을 통과합니다. 그러나 그 모든 고난의 과정은 우리가 사라지는 시간이 아니라, 고려청자와 이조 백자로 만들어지는 과정인 것입니다.

고난 중에 드리는 기쁨과 감사

바이올린 제작의 명장 마틴 슐레스케(Martin Schleske)가 쓴

《가문비나무의 노래》(니케북스 역간)에 이런 이야기가 나옵니다. 세상에서 가장 아름다운 울림을 내는 바이올린의 재료는 가문비나무인데, 이 나무는 나무가 생존할 수 있는 가장 극한의 환경인 수목 한계선에서 자랍니다. 온갖 비바람을 맞으며 고난 속에서 자라난 나무이기에, 그 나무로 만든 바이올린이 가장 값비싼 악기가 됩니다. 나무가 겪은 고난이 사람의 고난을 위로해 주기 때문입니다.

캐나다 큰빛교회의 담임이었던 임현수 목사님은 북한에서 사역하다가 2년 7개월, 945일 동안 투옥되었다가 풀려나셨습니다. 오늘날 예수 믿다가 이분만큼 큰 고난을 겪은 사람도 많지 않을 것입니다. 그 고통의 시간을 지나 지금은 전 세계를 다니며 북한의 실상을 알리고 복음을 전하고 계신데, 그분이 이런 말을 남겼습니다.

"사람이 고난이라는 망치에 열네 번 두들겨 맞으면 14K가 되고, 열여덟 번 맞으면 18K가 되고, 스물네 번 맞으면 24K 순금이 됩니다."

그래서 하나님의 손에 붙들린 성도들을 향해 야고보는 이렇게 외칩니다.

"내 형제들아 너희가 여러 가지 시험을 당하거든 온전히 기쁘게 여기라 … 이는 너희로 온전하고 구비하여 조금도 부족함이 없게 하려 함이라"(약 1:2, 4).

하나님이 우리를 얼마나 멋진 작품으로, 온전하고 구비하여 부족함 없는 존재로 빚어 가시는지를 아는 사람은, 고난이 끝난 뒤에야 감사하는 사람이 아니라, 고난 한 가운데서도 미리 감사할 수 있는 사람이 되는 것입니다.

어느 고깃집 광고를 보다가 빵 터졌습니다.

힘들 때 우는 건 삼류입니다.
힘들 때 참는 건 이류입니다.
힘들 때 먹는 건 육류입니다.

어느 목사님의 글에서 이런 문장을 본 적이 있습니다.

"공부는 많은 것을 가르쳐 주고, 고난은 모든 것을 가르쳐 준다."

그래서 이것을 깨달은 시편 기자는 119편 71절에서 이렇게 노래합니다.

"고난당한 것이 내게 유익이라 이로 말미암아 내가 주의
율례들을 배우게 되었나이다."

고난의 바다에 함께 들어오시는 하나님

우리가 고난 중에 감사하는 삶을 실제로 살아 내기 위해
서는, 고난을 겪을 때 반드시 기억해야 할 한 가지가 있
습니다. 그래야 감사가 나오고, 나아가 기쁨까지도 나올
수 있습니다. 그것은 바로, 그 고난의 한가운데에 주님이
함께 계신다는 사실입니다.

우리는 흔히 하나님이 허락하신 고난을 우리가 혼자 겪
고 지나가야 한다고 생각합니다. 하나님이 우리를 고난
의 한가운데 내팽개쳐 두고 버리셨다고 여깁니다.

우리를 고난 속으로 몰아넣은 뒤, 하나님은 팔짱을 끼
고 우리가 어떻게 버티는지 지켜보고 계신다고 생각할

때, 우리 마음에는 원망이 생기고 섭섭함이 쌓이며, 서러움에 눈물이 흐르게 됩니다. 그러나 하나님은 우리를 고난의 바다에 던져 놓고 구경하시는 분이 아닙니다. 하나님은 그 고난의 바다에 함께 뛰어들어, 우리의 손을 붙잡고 그 바다를 건너게 하시는 분입니다. 그 약속이 스가랴 10장 11-12절입니다.

"내가 그들이 고난의 바다를 지나갈 때에 바다 물결을 치리니 나일의 깊은 곳이 다 마르겠고 앗수르의 교만이 낮아지겠고 애굽의 규가 없어지리라 내가 그들로 나 여호와를 의지하여 견고하게 하리니 그들이 내 이름으로 행하리라 나 여호와의 말이니라."

무슨 뜻입니까? 하나님은 해변가의 등대처럼 멀찍이 서서 우리를 지켜보시는 분이 아닙니다. 그분은 고난의 바다에 직접 들어와 바다를 가르시고, 바닥을 마른 땅으로 바꾸어 걷게 하시며, 우리를 비웃는 교만한 자들의 목과 우리를 죽이라고 명령하던 바로의 지휘봉을 꺾으시는 분입니다. 그렇게 해서 우리를 그 바다 너머로 건너가게 하십니다. 그래서 파도가 아무리 거세도 고래를 삼킬 수 없듯이, 고난의 파도는 하나님의 자녀를 삼킬 수 없었던 것입니다.

야고보는 이 사실을 너무나 잘 알았기에 이렇게 외치고 있는 것입니다.

"형제들이여, 여러 가지 시험을 당할 때에 기쁘게 여기십시오. 하나님이 지금 당신 곁에 계십니다."

고난 중에도 감사한 욥

고난 중 감사를 이야기할 때 결코 빼놓을 수 없는 사람이 욥입니다. 욥은 자신의 고난을 전혀 해석할 수 없었습니다. 무엇보다 고난의 한가운데서 하나님이 보이지 않았습니다. 앞에도 보이지 않고, 옆에도 보이지 않으며, 뒤에도 보이지 않았습니다. 그래서 그는 고난 속에서 이렇게 부르짖습니다.

"그런데 내가 앞으로 가도 그가 아니 계시고 뒤로 가도 보이지 아니하며 그가 왼쪽에서 일하시나 내가 만날 수 없고 그가 오른쪽으로 돌이키시나 뵈올 수 없구나"(욥 23:8-9).

다시 말해, "하나님, 하나님이 지금 어디 계신지 모르겠습니다. 앞에 계신지, 뒤에 계신지, 왼쪽인지 오른쪽인지 도무지 모르겠습니다"라고 부르짖었다는 것입니다.

그런데 욥은 거기서 멈추지 않고 이렇게 고백합니다.

"그러나 하나님, 그래도 괜찮습니다. 제가 하나님을 모르는 것은 아무 문제가 되지 않습니다. 하나님이 고난을 지나고 있는 저를 아시면 됩니다."

그리고 그 고백이 10절에서 이렇게 이어집니다.

"그러나 내가 가는 길을 그가 아시나니 그가 나를 단련하신 후에는 내가 순금같이 되어 나오리라"(욥 23:10).

우리가 하나님을 몰라도, 하나님이 우리를 아시면 그것으로 충분합니다.

1. 우리가 겪는 시련이 우리를 더 멋진 작품으로 만드시는 하나님의 과정임을 믿고, 결과가 나오기 전에 '미리 감사'를 고백해 본 적이 있나요? 그때 당신의 마음에는 어떤 평안이 찾아왔나요?

2. 지금 지나는 고난의 터널을 '감사함으로 통과해야 할 연단'이라고 생각할 때, 이전과는 다르게 보이기 시작한 주님의 계획이나 감사의 제목들이 있다면 나누어 보세요.

3. 지나온 고난의 시간 중, 당시에는 아팠지만 돌아보니 '유익'이 되었다고 말할 수 있는 감사의 순간이 있다면 나누어 보세요.

8

【 십자가 】

초라해 보이지만
가장 강력한 능력

십자가의 도가 멸망하는 자들에게는 미련한 것이요
구원을 받는 우리에게는 하나님의 능력이라 …
우리는 십자가에 못 박힌 그리스도를 전하니 유대인에게는 거리끼는 것이요
이방인에게는 미련한 것이로되 오직 부르심을 받은 자들에게는
유대인이나 헬라인이나 그리스도는 하나님의 능력이요 하나님의 지혜니라
_고전 1:18, 23-24

내가 그리스도와 함께 십자가에 못 박혔나니
그런즉 이제는 내가 사는 것이 아니요
오직 내 안에 그리스도께서 사시는 것이라 이제 내가 육체 가운데 사는 것은
나를 사랑하사 나를 위하여 자기 자신을 버리신 하나님의 아들을 믿는
믿음 안에서 사는 것이라_갈 2:20

사람의 눈에는 어리석고 초라하게 보이지만, 사실은 정말 큰 능력을 가진 것들이 있습니다. 예를 들면 이런 것들입니다.

낡은 성경책이 그렇습니다. 보기에는 낡고 초라하지만, 그 성경책은 한 사람의 인생을 바꾸고, 영원을 바꾸며, 사망에서 생명으로 건져 냅니다. 좌우에 날 선 검처

럼 병든 생각을 고치고, 병든 영혼을 치료하며, 독재자의 손에 들린 칼을 내려놓아 회개하게 만들고, 자살하려는 사람의 마음을 돌이키기도 합니다. 이처럼 낡은 성경책은 겉모습과 달리 놀라운 능력을 가지고 있습니다.

기도하는 어머니도 그렇습니다. 연약한 여인이 주렁주렁 달린 다섯 자녀를 키울 능력이 어디 있겠습니까? 그럼에도 기도하는 어머니는 가장 연약해 보이지만, 그 기도는 가장 강력하여 기울어져 가는 집안을 다시 일으키고, 불신자 집안을 주님께로 돌아오게 하며, 곁길로 간 자녀를 제자리로 돌아오게 하는 힘이 있습니다. 기도하는 어머니는 가장 약해 보이지만, 가장 강한 사람입니다.

이처럼 사람의 눈에는 초라해 보이지만, 실상은 매우 강력한 능력을 가진 것이 있습니다. 이 장에서 나눌 마지막 그리고 가장 강력한 보물은 바로 십자가입니다.

초라해 보이지만 가장 강력한 능력, 십자가

십자가는 그야말로 당시 모든 사람이 혐오하던 사형 틀이었습니다. 십자가는 저주의 상징이었지, 그 뒤에 '복음'(복된 소리)이라는 말이 붙게 될 것이라고는 아무도 상상하지 못했습니다. 십자가는 나쁜 소식이었지, 결코 반가운 소식이 아니었기 때문입니다.

만약 어느 집에 로마 군인이 대문을 열고 들어오며 첫마디로 "십자가"라고 말했다면, 그것은 그 집안 식구 중 누군가가 이미 십자가에 달려 죽었거나, 곧 죽게 될 것이라는 뜻이었습니다. 그것보다 더 나쁜 소식이 어디 있습니까? 그래서 십자가라는 말은 사망의 소리요, 저주의 소리요, 집안이 무너지는 소리였습니다.

그러니 아무도 십자가를 입에 담지 않았습니다. 십자가의 저주는 십자가에 달려 죽고 난 뒤에도 주홍 글자처럼 따라다녔습니다. 만약 집안 식구 중 누군가가 십자가에 달려 사형을 당했다면, 그 집안은 온 동네의 혐오 대상이 되었고, 가까이했다가는 함께 십자가에 달릴 수 있는 경계의 대상이 되었습니다. 십자가에 달린 사람과의 좋았던 관계는 모두 끊어지고 말았습니다.

이런 십자가를 누가 좋아하겠습니까? 누가 자랑하겠습니까? 그 부끄러운 십자가를 누가 귀하게 여기겠습니까? 아무도 십자가를 귀하게 여기지 않습니다.

그런데 희한한 일이 벌어졌습니다. 그 십자가를 자랑하는 사람들이 나타난 것입니다. 자랑하는 정도가 아니라, 마치 그 십자가에 달리려고 혈안이 된 것처럼 십자가를 짊어지고 다니는 사람들이 등장했습니다. 바로 예수의 제자들이었습니다. 그들의 스승 예수가 십자가에 달려 죽었는데도, 그들은 그 사실을 조금도 부끄러워하지 않고 모든 사람에게 자랑하고 다녔습니다. 더 나아가, 자신들도 스승처럼 십자가에 달려 죽을 준비가 되어 있다고 말했습니다. 보통 사람이라면 입에 올리기도 두려운 십자가를, 그들은 자랑하며 다녔던 것입니다.

그래서 바울은 이렇게 고백합니다.

"그러나 내게는 우리 주 예수 그리스도의 십자가 외에 결코 자랑할 것이 없으니"(갈 6:14).

가장 수치스러웠던 십자가가 가장 자랑스러운 보물이 되었습니다.

이 광경을 본 사람들은 도무지 이해할 수 없었습니다. 그 십자가에 도대체 무슨 능력이 있기에 목숨을 걸 수 있는지, 얼마나 붙잡을 것이 없으면 그 혐오스러운 십자가를 보물처럼 여기며 살아가는지 이해할 수 없었습니다.

그렇다면 예수님의 제자들은 왜 십자가를 그토록 사랑하고, 보물처럼 귀하게 여겼던 것일까요? 본문에 의하면, 십자가에는 사람들이 알지 못하는 하나님의 능력이 있기 때문이라고 말씀합니다.

"십자가의 도가 멸망하는 자들에게는 미련한 것이요 구원을 받는 우리에게는 하나님의 능력이라"(고전 1:18).

십자가에 있는 하나님의 능력

그렇다면 십자가에는 대체 어떤 하나님의 능력이 있는 것일까요?

십자가는 모든 죄가 용서받는 곳이다

첫째, 십자가는 우리의 모든 죄가 용서받는 곳입니다. 우리 모두는 죄인으로 태어났습니다. 그 죄는 우리를 하나님과의 관계에서 끊어 놓았고, 그 결과 우리는 하나님이 계신 천국이 아니라 지옥을 향해 가게 되었습니다. 그 죄는 태어날 때부터 지금까지 우리를 포승줄처럼 묶어 하나님께로 가지 못하게 했고, 그 포승줄 끝을 사탄 마귀가 붙잡고 우리를 자기가 원하는 대로 끌고 다니며 죄를 짓게 만들고 자기의 종으로 삼았습니다.

최근 대한민국을 발칵 뒤집어 놓았던 충격적인 뉴스가 있습니다. 돈을 벌게 해 주겠다는 말에 속아 캄보디아로 갔다가 중국 조직에 붙잡혀 감금되고 죄를 강요당하다가 반항하여 폭행을 당해 죽임까지 당하게 된 사건입니다. 그렇게 감금되어 폭력과 공포 속에서 보이스 피싱에 동원되고 있는 한국 청년만 해도 1천 명이 넘는 것으로 밝혀졌습니다.

이처럼 마귀는 우리를 죄라는 감옥에 가두어 온갖 죄를 짓게 만들며, 그 죄로 인해 영원한 지옥으로 끌고 갑니다. 그런데 예수님께서 우리의 죗값을 대신 치르기 위해 십자가 위에서 죽으셨습니다. 그래서 그 예수님을 자신을 살려 주시는 구원자로 믿는 자는 모두 죄를 용서받게 됩니다. 십자가에 달리신 예수님을 믿는 순간, 우리의 죄는 용서함을 받고, 우리는 마귀의 포승줄에서 풀려나며, 마귀의 손아귀에서 벗어나 하나님의 자녀가 됩니다. 그리고 하나님은 그 자녀를 평생 보호해 주십니다.

그래서 그 십자가는 당시 로마와 세상 사람들에게는 사람을 죽이는 도구였지만, 예수를 믿고 살아난 이들에게는 사람을 살리는 표지가 되었습니다. 십자가는 수치스러운 죽음의 상징이 아니라, 우리를 영원한 죽음에서 건져 영원한 생명을 주는 구원의 표지였기에, 그들은 십자가를 자랑하며 사랑했던 것입니다.

언젠가 십자가를 묵상하며 이런 글을 적은 적이 있습니다.

우리는 날마다 십자가 앞으로 나아가 두 가지를 기억해야 한다. 첫째, 예수님이 대신해 죽으셔야 할 만큼 나는 나쁜 죄인임을 날마다 기억해야 한다. 둘째, 예수님이 대신해 죽어 주실 만큼 나는 귀한 존재임을 날마다 기억하며 살아야 한다. 교만해질 때마다 죄인임을 기억하고, 낙심될 때마다 내가 얼마나 귀한지를 기억해야 한다. 그것이 바로 십자가 앞에서 살아가는 사람의 모습이다.

십자가는 내가 죽고 예수님이 살아나는 곳이다

둘째, 십자가는 내가 죽고 예수님이 내 안에 살아나는 곳입니다. 십자가는 우리의 생명과 예수님의 생명이 맞바뀌는 자리입니다. 우리의 죄와 죽음은 예수님께로 옮겨 가고, 예수님의 생명과 능력은 우리에게로 옮겨지는 것입니다. 바울은 이 사건을 이렇게 고백합니다.

"내가 그리스도와 함께 십자가에 못 박혔나니 그런즉 이제는 내가 사는 것이 아니요 오직 내 안에 그리스도께서 사시는 것이라"(갈 2:20).

바울은 십자가 위에서 자신은 죽고, 예수님이 자기 안에 살아나는 사건이 일어났다고 말합니다. 그래서 십자가는 능력입니다.

우리가 무슨 능력이 있습니까? 우리는 연약한 사람들입니다. 오늘의 결심을 내일까지 끌고 가지도 못하고, 몸의 병 하나도 고치지 못하며, 책 한 권도 제대로 외우지 못하고, 평생을 노력해도 천국의 하루를 스스로 얻을 수 없는 존재입니다. 숨 쉬지 않고는 5분도 버티지 못하는 인생입니다. 이런 우리가 자신을 믿고 살아갈 수는 없습니다.

그런데 십자가 위에서 죄인이고 연약한 우리는 죽고, 그날부터 예수님이 우리 안에 살아 계시는 기적이 일어났습니다. 그분이 우리 안에 들어와 우리 인생의 주인이 되어 주시고, 우리를 이끌어 주시며, 죽음의 순간에도 우리를 천국으로 인도하는 구원자가 되어 주십니다.

그래서 십자가는 우리의 약함과 하나님의 능력이 맞바꾸는 자리입니다. 십자가 위에서는 약함이 능력으로, 절망이 소망으로, 죄인이 의인으로, 죽음이 영생으로, 어리석음이 하나님의 지혜로, 질병이 치유로, 저주가 복으로 바뀝니다.

십자가 십자가 내가 처음볼 때에 나의 맘에 큰 고통 사라져
오늘 믿고서 내 눈 밝았네 참 내 기쁨 영원하도다
_ 〈만왕의 왕 내 주께서〉(새찬송가 151장)

십자가의 모양은 동서남북으로 열린 길처럼 보입니다. 마치 이렇게 말하는 것 같습니다.

"동서남북 어디서든 나 있는 이 길로 나아오라. 누구든지 와서 문제를 해결받으라. 목마른 자도, 가난한 자도, 병든 자도 오라."

십자가는 모든 사람이 올 수 있도록 동서남북으로 열린 길입니다.

십자가는 천국의 문을 여는 열쇠다

셋째, 십자가는 천국의 문을 여는 열쇠입니다. 십자가를 보면 그 위에 예수님이 달려 계십니다. 그 예수님이 바로 천국으로 가는 길입니다. 그분을 통하지 않고는 천국으로 갈 수 있는 길이 없습니다.

사람들은 천국으로 가는 다른 길을 찾으려 합니다. 마음 수련으로, 철학으로, 명상과 깨달음으로, 여러 가지 종교를 통해 천국에 가려 합니다. 그러나 그곳에는 길이 없습니다. 천국으로 가는 길은 오직 하나입니다. 바로 예수의 길, 십자가의 길입니다.

예수님은 분명히 말씀하셨습니다.

"예수께서 이르시되 내가 곧 길이요 진리요 생명이니 나로 말미암지 않고는 아버지께로 올 자가 없느니라"(요 14:6).

십자가에 달리신 예수님을 붙들고 그 길을 지나가면, 비로소 천국으로 가는 문이 열립니다. 그래서 십자가는 천국의 문을 여는 열쇠입니다.

십자가는 사랑의 고백이다

넷째, 십자가는 사랑의 고백입니다. 십자가 위에서 예수님은 두 팔을 벌리고 못 박히셨습니다. 마치 이렇게 말씀하시는 것 같습니다.

"내가 너를 이만큼 사랑한다."

십자가는 예수님의 사랑 고백입니다. 그 사랑이 얼마나 큰지, 우리를 위해 하나님이 죽으셔야 할 만큼 우리는 결코 가성비가 나오는 존재가 아닙니다. 우리는 그저 죄인일 뿐입니다. 그런데 그 죄인을 위해 예수님은 죽으십니다. 두 팔을 벌리고, "내가 너를 이만큼 사랑한다"라고 말씀하십니다.

이것이 얼마나 큰 사랑인지, 로마서 5장 7-8절은 이렇게 말씀합니다.

"의인을 위하여 죽는 자가 쉽지 않고 선인을 위하여 용감히 죽는 자가 혹 있거니와 우리가 아직 죄인 되었을 때에 그리스도께서 우리를 위하여 죽으심으로 하나님께서 우리에 대한 자기의 사랑을 확증하셨느니라."

십자가에서 주님이 말씀하십니다.

"내가 너를 위해 죽을 테니, 너는 살아라. 너는 죽지 말고 살아라."

날마다 십자가 앞에서 하루를 시작하십시오. 그 앞에서, 우리 대신 예수님이 죽으셔야 할 만큼 우리가 얼마나 큰 죄인인지를 기억하며 겸손하십시오. 그 앞에서, 우리 대신 예수님이 죽으실 만큼 우리가 얼마가 귀한 존재인지를 기억하며 다시 힘을 내십시오. 그것이 바로, 날마다 자기 십자가를 지고 예수님을 따라가는 사람의 모습입니다.

질문과 나눔

1. 십자가의 두 가지 의미(나의 죄인 됨과 나의 귀함) 가운데 오늘 당신에게 더 깊이 다가오는 고백은 무엇인가요? 우리가 낙심할 때 "너는 이만큼 귀하다"라고 말씀하시는 듯한 주님의 팔 벌린 모습을 상상하면 어떤 마음이 드나요?

2. "내가 사는 것이 아니요 내 안에 그리스도께서 사시는 것"이라는 고백이 당신의 일상의 언어가 되고 있나요? 당신의 힘으로는 도저히 해결할 수 없는 문제를 십자가 앞에 내려놓고 주님의 능력과 맞바꾸었던 기적 같은 순간이 있다면 나누어 보세요.

3. 십자가는 동서남북 어디로든 열려 있는 생명의 길입니다. 주님을 본받아 마음의 팔을 벌려, "아무리 힘들고 어려워도 죽지 말고 살아라"라고 전해 주고 싶은 사랑이 필요한 사람을 떠올리며 축복의 마음을 나누어 보세요.

언젠가 영상으로, 다 지은 아파트를 부실 공사로 인해 허무는 장면을 본 적이 있습니다. 입주 날짜만을 기다려 온 입주자들의 안타까운 한숨 소리가 폭파 소리보다 더 크게 들리는 듯했습니다. 처음보다 더 많은 비용을 지불해야 하고, 더 긴 시간을 다시 기다려야만 합니다. 그래도 허물어야 할 것은 다시 허물고 지어야 합니다.

우리의 신앙도 마찬가지입니다. 신앙의 부실 공사는 반드시 다시 허물고 지어야 합니다.

"근원으로 돌아가라"(아드 폰테스, Ad Fontes)!

우리는 이 책을 통해 우리의 신앙을 받쳐 주는 여덟 가지 기초를 살펴보았습니다. 무엇 하나 흔들려서는 안 될 소중한 기초들입니다. 기초가 부실한 곳에 수십 년의 신앙생활이라는 벽돌을 쌓아 올린들 위험 수위만 높아질 뿐입니다. 다시 근원으로 돌아가, 믿음의 터를 예수 그리스도 위에 굳건히 세워야 합니다.

글을 마무리하다 보니, 예배가 끝날 때마다 성도들과 함께 손을 들고 눈물을 흘리며 불렀던 〈보물〉이라는 찬양이 떠오릅니다. 찬양을 부르는 동안, 이토록 귀한 보물을 왜 이제야 깨닫게 되었을까 하는 감격과 뒤늦은 후회가 뒤엉켜 성도들의 얼굴 위로 한없는 은혜의 눈물이 흘러내리곤 했습니다.

하나님 안에 속한 자

하나님 안에 사는 자

하나님 주시는 귀한 보물 있으니

보석보다 빛나고 정금보다 귀한 것

구원의 은혜 생명의 말씀

영광의 찬양 간절한 기도

정금 같은 믿음 하늘의 소망

고난 중 감사 십자가 복음

나의 보물이라

_ 〈보물〉(홍지승 노래, 송경민 작사·작곡)

믿음 생활을 하다가 어떤 일로 실망하거나 긴 고난의 시간 속에서 소중한 보물의 빛이 바래 가고 있다고 느껴질 때, 그때마다 이 책을 펼쳐 읽으며 당신의 보물이 더욱 빛나는 데 도움이 되기를 바랍니다.